Ulrich Pramann/Bernd Schäufle

SCHLANK UND FIT MIT NORDIC WALKING

- Technik und Ausrüstung
- Ernährung und Motivation
- Abnehmen mit Spaß

Mit einem Vorwort von
Hartwig Gauder

südwest

Inhalt

Nordic Walking – Spaß und Fitness Schritt für Schritt.

Mit richtig guten Stöcken geht's besser!

Nordic Walking – auch ein Naturerlebnis.

Mit Nordic Walking und einem optimalen Speiseplan kriegen Sie Ihr Fett weg!

Hartwig Gauder, 49, ist einer der erfolgreichsten Leichtathleten der Welt: Olympiasieger im Gehen (1980 in Moskau), Weltcupsieger, Europa- und Weltmeister. Bereits eineinhalb Jahre nach seiner Herztransplantation (im Januar 1997) absolvierte er den New York Marathon und bestieg 2003 als erster Mensch mit transplantiertem Herzen den 3776 Meter hohen Berg Fujisan.

Vorwort von Hartwig Gauder, Olympiasieger im 50-km-Gehen

»Fürchte dich nicht, langsam zu gehen, fürchte dich nur, stehen zu bleiben« – das ist einer meiner Leitsätze, um zu einer hohen körperlichen Leistungsfähigkeit zu kommen. Egal, ob das Ziel nun Olympiasieg heißt, ob man zum spaßbetonten Fitnesssportler werden will oder nach langer Krankheit in den Alltag zurückfinden möchte – nur die sanfte Form der Belastung bringt langfristig den gewünschten Erfolg. Ich weiß, wovon ich rede, ich habe alle drei Wege beschritten. Mein Erfolgsgeheimnis für alle Fälle: bewegen statt belasten, bewegen und dosiert belasten und dann erst belasten. Mit Nordic Walking kann jeder dieses Rezept gut umsetzen und seiner Gesundheit entgegengehen.

Der Boom, den diese Art des sportlichen Gehens gerade erlebt, ist längst keine Mode mehr, sondern eine echte Chance. Ich habe lange darüber nachgedacht, warum in den USA ein Fitnessverband existiert, dem nach eigener Aussage mehr als 60 Millionen aktive Walker angehören, und wir Deutschen uns immer noch so schwer damit tun, etwas für uns zu tun – indem wir uns regelmäßig bewegen.

Sicher sind wir verwöhnt. In den USA ist die Gesundheit vor allem Sache der Bürger, nicht des Staates. Es existieren weder ein Gesundheitswesen und Sozialnetz wie bei uns noch ein vergleichbares Krankenversicherungssystem. Wer krank wird, muss selbst zahlen und riskiert bei längeren Ausfällen den Job. Also sind viele Menschen daran interessiert, es möglichst gar nicht erst so weit kommen zu lassen. Und wir? Viele wettern vor allem über Apparatemedizin, Praxisgebühr oder Zuzahlungen bei Arzneien, anstatt sie entbehrlicher zu machen, indem sie vorbeugen. Wie kurzsichtig. Wie gut, dass langsam Bewegung in die Sache kommt.

Apropos Bewegung. Im Betriebsplan des Menschen war und ist Bewegung nun mal vorgesehen. Ohne Bewegung kann unser komplexes System nicht funktionieren. Doch dies wird von allzu vielen gern missachtet. Die meisten Menschen hierzulande gehen täglich kaum mehr zwei Kilometer. Viel zu wenig. Mehr als 50 % der Männer und 21 % der Frauen geben an, dass sie ihren Arbeitstag überwiegend sitzend verbringen. Auf die Frage »Treiben Sie Sport?« antworten zwar fast zwei Drittel mit: »Ja!« Aber die meisten meinen damit leider sicherlich den Sonntagsspaziergang oder dass sie mal eine Kiste Bier oder den Einkaufskorb die Treppen hochschleppen.

Seine Erfahrungen als sportlicher Grenzgänger gibt Hartwig Gauder in verschiedenen Organisationen (u. a. als Beauftragter des Deutschen Leichtathletikverbands für die Walking-Bewegung) und bei Vorträgen weiter.

Sich bewegen bringt Segen

Wer seinen Organismus zu wenig beansprucht, erschlafft allmählich. Lunge und Herz verlieren ihre Funktionstüchtigkeit, die Gefäßwände werden spröde, die Muskeln büßen ihre Spannung ein, der Körper wird anfälliger für Krankheiten, und das ganze dem Sauerstofftransport dienende System verkümmert. Rückenschmerzen und Arthrose sind neue Volkskrankheiten geworden, holen die Herz-Kreislauf-Krankheiten ein. Millionen Bundesbürger sind schmerzhaft betroffen.

Kommen Sie in die Gänge – Ihr Körper wird es Ihnen danken.

Nordic Walking kommt gerade rechtzeitig ins Spiel: Als attraktiver Sport und besonders effektive Bewegungsform zur Steigerung der Gesamtkondition. Das Schöne ist: Die Technik ist einfach zu lernen.

Ich empfehle für Einsteiger einen Kurs in Nordic Walking – und dieses sehr gelungene, motivierende Buch. Es ist sicher das beste unter den Nordic-Walking-Neuerscheinungen, weil hier Schritt für Schritt erklärt wird, wie Sie mit Leichtigkeit in Form kommen. Warten Sie also nicht länger ab – gehen Sie's an!

Hartwig Gauder

Wie ich auf die Stöcke kam

Es geht bestens!

»Nordic Walker sind nette Menschen«, sagt Bernd. Auch in dieser Hinsicht ist er, unser Mastertrainer, vorbildlich. Bei fast jedem von uns gäbe es mehr oder weniger viel zu bemängeln. Wir wissen inzwischen längst, wie es gehen sollte, und sehen selbst, wenn etwas falsch läuft. Wenn der Schritt nicht lang genug ist. Wenn der ganze Körper zu steif bleibt. Oder wenn sich die Hände hinten nicht öffnen. Klar, wenn sich bei einem von uns die Fehler allzu sehr häufen, macht der nette Bernd süffisant darauf aufmerksam. Und dann lobt er: »Aber die blaue Hose steht dir gut!« Oder: »Immerhin bist du in die richtige Richtung gegangen.«

Ganganalyse. Noch vor dem Abendessen betrachtet Bernd kritisch die Videoaufnahmen von gestern. Wir sind heute alle ziemlich geschafft, freuen uns schon auf die vier Gänge und den Chianti Classico dazu.

Jeder Tag beginnt mit Mobilitätsübungen zum Aufwärmen. Unterwegs gibt Mastertrainer Bernd Schäufle Tipps, wie jeder seine Nordic-Walking-Technik verbessern kann.

Mein Weg zum Basic Instructor

Ein schöner Tag, ein ganz schön harter Tag liegt hinter uns. Fast fünf Stunden waren wir in dieser atemberaubenden Kulisse der toskanischen Hügellandschaft unterwegs, schnürten über schattige Waldwege und Weinberge, vorbei an Olivenhainen und Zypressen. Mittags sollte es bloß ein paar Bruschette al Pomodoro geben. Doch Lucia fuhr mächtig auf: Wildschweinpastete, Pandorato, Proscuitto, Panna Cotta und schließlich sogar Vin Santo. Besonders auf dem Rückweg fiel es manchem schwer, den Nordic-Walking-Grundschritt noch sauber auszuführen.

Nein, Nordic Walking ist auch unter normalen Umständen nicht ganz so leicht, wie es aussieht. Anfangs können sich jede Menge Fehler einschleichen. Zu zaghafte Schritte. Die Arme zu sehr angewinkelt. Die Hände verkrampft. Der Stockeinsatz zu weit vor dem Körper. Oder gar dieser peinliche Passgang.

Längst wissen wir, dass ein harmonischer und dynamischer Bewegungsablauf mehr ist als eine Frage der Ästhetik. Nur korrekt ausgeführt, ist Nordic Walking auch wirklich effektiv und macht richtig Spaß. Zur richtigen Technik gehört Übung, am besten unter professioneller Anleitung. Deswegen sind wir jetzt alle hier nahe Gaiole in Chianti, hier in Oskars Podere L'Aquila.

Oskar – von seiner Statur her ein laufender Meter und von seiner Natur her ein fröhlicher Schweizer – ist ein sympathischer Quereinsteiger. Vor 15 Jahren hatte der Stahlhändler genug vom hektischen Geschäftsleben, kaufte dieses idyllische Anwesen in der Toskana, baute es aus. Letztes Jahr liefen ihm Nordic Walker über den Weg und nahmen ihn mal mit auf eine ihrer Touren. Seither, erzählt Oscar, »schwinge ich regelmäßig die Fötli«.

Wer rastet, der rostet. Und legt an Gewicht zu – das ist längst auch wissenschaftlich erwiesen.

Jahrelang hatte er körperlich viel zu wenig getan. Ergebnis des vielen Herumsitzens: Verspannungen in der Schulter. Und die wiederum waren Ursache für seine Migräne. Die schlimmen Kopfschmerzen sind wie weggeblasen, seit er regelmäßig trainiert. Deswegen steht Oskar jetzt so auf den Sport mit den Stöcken und bietet in seinem Haus Nordic-Walking-Seminare mit Mastertrainer Bernd Schäufle an.

Viele Motive, ein Ziel

»Verbinden Sie Aus- und Fortbildung mit Urlaub, Genuss und Kultur. Ausgiebige Nordic-Walking-Einheiten durch herrliche Landschaften, gepaart mit Theorieeinheiten, lassen diese Woche zum Erlebnis werden« – diese Anzeige lockte zwei Österreicher, eine Italienerin, sechs Deutsche und sieben Schweizer in die Toskana. Bert beispielsweise trat in letzter Zeit auf der Stelle, auch beruflich. Bloß noch die Dame, seine Bauern und der König bewegten sich in seinem Leben. »Mein einziger Sport«, sagt der Schach- und Weinliebhaber, war »einarmiges Heben.« Weil ihm häufig langweilig um den Mund war, futterte er mehr als genug. Gegen die Zwangsläufigkeit zusätzlicher Kilos versuchte er, auf dem Heimtrainer anzustrampeln. Lustlos. Vergeblich. Neulich hatte er über die »Fitnessrevolution namens Nordic Walking« gelesen. Und jetzt war Bert hier.

Erika und Claudia wollten einfach nur geselligen Spaß haben und ein bisschen die Technik verbessern. D. h., Claudia wollte mehr, nämlich an der Eleganz ihres Schrittes feilen – noch strebte sie im Wippgang voran.

Fitness – keine Altersfrage. Es lohnt sich in jedem Lebensabschnitt, in die eigene Gesundheit zu investieren.

Moni hatte viel sehr Verheißungsvolles über Nordic Walking gehört, guter Einsteigersport, auch für Ältere und so. Bei ihr selbst zahlte sich das sportive Gehen mit den Stöcken ziemlich schnell aus: weniger Pfunde, mehr Lebensfreude. Jetzt wollte die Physiotherapeutin aus Karlsruhe auch ihren Patienten das sanfte Fitnessprogramm anbieten. Sie war deshalb hier, um den Trainerschein (»Basic Instructor«) zu machen.

Ich auch. Eigentlich bin ich Läufer, Hobbyläufer. Schon vor 21 Jahren wurde ich zum Marathonläufer. Ich habe mehrere Bücher übers Laufen geschrieben, die teilweise große Renner geworden sind. Manchmal meldet sich der Wunsch nach Laufpausen. Bei mir waren es immer mal ein paar Tage, manchmal wurden auch ein paar Wochen daraus. Letztes Jahr summierte sich die Lustlosigkeit auf ein paar Monate, genauer gesagt, auf neun Monate. Diese lange Abstinenz hat mir nicht gut getan. Ich legte zu, und zwar ordentlich. Zum Glück weiß ich bis heute nicht, wie meine Fettwaage eigentlich funktioniert. Und meine Partnerin wollte ich mit so einer profanen Frage nicht behelligen.

Puh. Irgendwann war es zu viel. Nein, ich mochte mich nicht mehr leiden. Also beschloss ich, wieder mit dem Training zu beginnen. Ganz ernsthaft. In meinem Zustand sind die ersten Schritte nicht wirklich ein Vergnügen.

Tippeln in toskanischer Traumkulisse. Macht Spaß, macht fit.

Weil ich meine Gelenke nicht unnötig traktieren wollte, weil auch ich schon so viel Gutes über Nordic Walking gehört hatte und mir einen deutlich leichteren Einstieg erhoffte, beschloss ich einen Selbstversuch – so kam ich auf die Stöcke.

Die neue Bewegung

»Na, wohl die Skier vergessen, wa?« »Da Schnee liegt vui weita ob'n in di Berg!« Solche Standardkommentare muss sich fast jeder Nordic Walker anhören. Irgendwie wiederholt sich das mit den hämischen Sticheleien. Anfang der 1980er Jahre wurden die wenigen Läufer belächelt, damals war Jogging noch kein populärer Spaß für Millionen wie heute. Jetzt deutet alles darauf hin, dass die Entwicklung des Nordic Walking ähnlich verläuft. Bei uns im Allgäu kamen unlängst über 500 Leute zu einem Vortrag über Nordic Walking. Und als in 100 Kurorten zum Aktionstag »Deutschland bewegt sich« gerufen wurde, nahmen allein in Bad Hindelang über 1000 begeisterte Nordic Walker teil.

Joggen – einst für viele eine Lachnummer, heute ein absolutes Massenphänomen. Nordic Walking ist auf dem besten Weg, eine ähnliche Entwicklung zu durchlaufen.

Morgens um sieben. Auf der freiwilligen Hausrunde sind wir meist sechs: Moni, Volker, Claudia, Bernd, Andreas und ich. Auch wenn der Wein süffig und die Nacht kurz war, lassen wir uns nicht lumpen. Denn diese Frühstunde erweist sich als Muntermacher und prima Kickstart in den Tag. Andreas nennen wir jovial »unseren Präsidenten«. Tatsächlich ist er Vorstand vom Deutschen Nordic Walking Verband (DNV), den er initiierte. Ohne ihn gäbe es Nordic Walking in seiner jetzigen Form vermutlich nicht. Er war Vertriebsleiter eines finnischen Stockherstellers und erkannte als Erster das große Potenzial dieser Bewegung. Anfangs stieß er überall auf Unverständnis. Doch Andreas Körber ließ nicht locker. Seit vier Jahren wirbt und kämpft er mit leidenschaftlicher Hingabe für seine Vision, treibt die professionelle Ausbildung von Trainern voran, um den neuen Sport als Massenbewegung dauerhaft zu etablieren.

Nordic Walking – ein »Geschenk«

Eine Sportart sei Nordic Walking eigentlich nicht, sagt Bernd Schäufle: »Es ist viel mehr, ein Geschenk.« Wir sollten dieses stressfreie Bewegen doch als Belohnung im Alltag betrachten.

Volker wurde von seiner Frau zum Nordic Walking verführt. Seit einem Jahr gehen sie gemeinsam alle zwei, drei Tage eine gute Stunde zusammen raus, um den Kopf durchzulüften. Das tut gut.

Wir alle werden sensibel für unseren Körper. Wir lernen neue Kräftigungsübungen. Wir verfeinern unseren Grundschritt durch Korrekturen, die uns Bernd und Andreas zurufen. Wir erfahren vor dem Abendessen, was bewusste Ernährung und individuelles Trainingsmanagement bedeutet. Wir sind täglich mindestens drei, manchmal auch mehr Stunden auf den Beinen.

Seminarkontakt:
Oskar Sigrist
c/o Podere L'Aquila
53013 Gaiole in Chianti
Tel.: 00 39/3 35/22 16 46
E-Mail: oskarsi@tin.it

»Alles bestens gelaufen«

Das Leistungsgefälle ist beim Nordic Walking nicht groß, jeder geht seinen eigenen Stiefel und kann, wenn er will, das Tempo der anderen durchaus mithalten – zwischen flott und Trott liegen keine Welten. Wer intensiver trainieren will, braucht bloß die Stöcke intensiver einzusetzen, das jazzt sofort den Puls hoch.

Mehr als ein Puls von 120 geht bei Reinhold nicht, seit ihm »der kleine Blechkasten im Brustkasten sitzt« – der Düsseldorfer Friseurmeister meint seinen Herzschrittmacher. Alles bestens gelaufen, sagt er nach dieser intensiven Nordic-Walking-Woche mit über 20 Stunden Training.

Alles bestens gelaufen, sagt auch Bert. »Nordic Walking gibt mir zusätzlichen Halt fürs Leben.« Peter ist begeistert und überrascht, was Nordic Walking ihm gegeben hat.

Nur Claudia hat verloren – ihren Wippgang. Bernd hatte ihr einfach kürzere Stöcke verpasst.

Alles bestens gelaufen, auch für Moni und mich. Während die anderen nachmittags relaxten oder durch Pienza und Montalcino bummelten, waren wir mit Mastertrainer Bernd in Klausur. Es hat sich gelohnt. Wir haben bestanden. Ja, wir dürfen uns jetzt offiziell Nordic Walking Basic Instructor nennen.

Ulrich Pramann

Fit auf die sanfte Tour

Abgehoben

»Uiii!«, frohlockte der Internist und Bestsellerautor Dr. Ulrich Strunz (»Forever Young«) beim ersten Mal, und pure Poesie erwachte in ihm: »Fröhliches Glucksen im Bauch. Unter den Füßen Wurzeln, Steine, der Schatten einer Birke. Lauter kleine Herausforderungen, die zum Fliegen einladen. Federn, schwingen, fliegen, große Schritte, kleine Anstrengung. Jeder Muskel spielt mit. Nichts, wirklich nichts, lässt einen so unendlich leicht fühlen.«

Was war da passiert? Nun, er hatte Nordic Walking für sich entdeckt und spürte plötzlich keine »Erdenschwere« mehr, kein mühseliges Ziehen oder Drücken der Körperlast. Kein Vergleich mehr mit einem Trampeltier oder Elefant – der vielen Joggern anfangs so häufig in den Sinn kommt. Nein, beim Walken mit den leichten Carbonstöcken, die viele schon als »Zauberstäbe der Fitness« betrachten, stellt sich tatsächlich ziemlich schnell ein wunderbares Gefühl von Abgehobenheit ein, und manchmal eben auch »uiiii« – diese Illusion vom Fliegen.

Einer wie der ehemalige Weltklasse-Skilangläufer Peter Schlickenrieder sieht die Sache zwar nüchterner, aber auch er schwärmt von Nordic Walking: »Es ist der Rhythmus der Bewegung, die gleichmäßige Belastung und der individuell zu bestimmende Grad der Anstrengung, die einem das Gefühl der Zufriedenheit und Ausgeglichenheit geben.«

Was Nordic Walking ist

Nüchtern betrachtet ist Nordic Walking zügiges Gehen in der Diagonaltechnik, das durch schwungvollen Einsatz der speziellen Stöcke unterstützt wird. Arme und Schultern, der gesamte Oberkörper – also außer den Beinen noch weitere große Muskelgruppen – sind harmonisch in den Bewegungsablauf einbezogen, das ganze Herz-Kreislauf-System wird positiv angeregt. Selbst bei Wohlfühltempo

Reebok

Expertentipp

Auch den Vergleich mit den besonders beliebten Sportarten Radfahren und Schwimmen gewinnt Nordic Walking. Um nämlich einen ähnlichen Gesundheitseffekt zu erzielen, müssen Radfahrer oder Schwimmer etwa zwei- bis dreimal mehr Zeit als Walker aufwenden.

erhöht sich der Herzschlag im Durchschnitt um 5 bis 17 Schläge pro Minute – verglichen mit dem normalen Walking. D. h.: Die Herzfrequenz erreicht bereits bei mäßigem Tempo das so genannte Fettverbrennungsniveau – der Energieumsatz steigt deutlich. Genau das macht Nordic Walking zum effektivsten Ausdauer- und schonenden Ganzkörpertraining.

Rechnen Sie mal zusammen: In einer Stunde Nordic-Walking-Training summiert sich die Entlastung des passiven Bewegungsapparats auf 36 bis 58 Tonnen.

Das ideale Fitnesstraining

Bei Nordic Walking, dieser neuen, zügigen Bewegungsform, kommt ein weiterer Vorteil dazu. Denn durch den Wegfall der lauftypischen Sprünge, die beim Jogging das Zwei- bis Dreifache des Körpergewichts und oft noch mehr ausmachen können, wird die Belastung der Gelenke erheblich reduziert. Ähnlich wie beim Skilanglauf verteilt sich das Körpergewicht auf vier Punkte. Die Hand-, Ellbogen- und Schultergelenke übernehmen einen Teil der Stützlast, die beim Laufen allein auf Fuß-, Knie- und Hüftgelenken liegt.

Und noch etwas kommt zum Tragen: Durch den Einsatz der Stöcke wird vor allem der passive Bewegungsapparat, die Gelenke, der Rücken und die Knie, ganz erheblich entlastet: um rund fünf bis acht Kilogramm pro Schritt, rund 45-mal pro Minute.

Außerdem sorgen die Stöcke automatisch für eine korrekte Körperhaltung, was auch die Sauerstoffversorgung im Organismus verbessert. Nebenbei wird die Wirbelsäule aufgerichtet und die Brust- und Schultermuskulatur gekräftigt.

Wer regelmäßig, also möglichst dreimal pro Woche, etwa eine Stunde lang Nordic walkend unterwegs ist, kann ähnliche Trainingseffekte erzielen wie durch Laufen. Nur: Nordic Walking ist längst nicht so anstrengend und für den Körper deutlich schonender.

Genau das sind die Gründe, warum sich jetzt so viele Menschen für Nordic Walking interessieren und tatsächlich zur Bewegung finden – eine ganz neue Zielgruppe, denen Sport bislang zu anstrengend, zu schwierig oder zu belastend erschien.

Die beliebteste Wellnesssportart

Nordic Walking kann locker wie ein Spaziergang oder auch richtig anstrengend sein. Je nach Lust und Laune, je nachdem, wie es um die eigene körperliche Konstitution und das sportliche Niveau steht, lässt sich das Training sehr gut variieren. Wer die Belastung steigern will, verstärkt einfach den Stockeinsatz, erhöht das Tempo oder wählt ein anspruchsvolleres Gelände.

Die Natur wird zur wunderbaren Outdoor-Arena. Einfach raus – und los. Auch die Unabhängigkeit macht Nordic Walking so attraktiv. Nordic Walking ist jederzeit und überall möglich. Und zu jeder Jahreszeit. Es kann zu einem unerwartet großen Spaß werden, die Gegend vor der Haustür neu zu entdecken oder ganz neues Terrain auf sportive Weise zu erkunden.

»Das Bewegungsprogramm der Zukunft«, Fitnessrevolution«, »Total-Body-Workout« – Experten geben dem Trendsport beste Referenzen. Für das Magazin »Focus« ist Nordic Walking längst die »beliebteste Wellnesssportart«.

Der Sprung in ein bewegteres Leben – Nordic Walking macht's möglich!

Auch wegen seiner Vielseitigkeit ist Nordic Walking als Gesundheitssport so auf dem Vormarsch; gegenwärtig hat keine andere Bewegungsart so viel Zulauf.

Wie alles anfing

Woher kommt Nordic Walking, wer hat es erfunden? Es war die Skistockindustrie, um neue Absatzmärkte zu erschließen, maulen mitunter Kritiker, denen jede Art von Leibesübung suspekt ist. Stimmt nicht. Das Gehen am Stock hat schon eine längere Tradition. Seit den 1930er nehmen Spitzenskilangläufer laufend ihre Skistöcke zur Hand und überbrücken so das Sommerhalbjahr. Der so genannte Skigang ermöglicht intensive, der Disziplin angepasste Trainingseinheiten mit maximaler Belastung. Mitte der 1990er Jahre wurde Nordic Walking als Sommertrainingsmethode auch für Biathleten und nordische Kombinierer populär.

»Fatburner, Fitmacher, Funsport: Nordic Walking bringt die Menschen in Form«, feiert nicht nur »Fit for Fun« den neuen Fitnesstrend. Diese neue, sanfte Bewegungsform scheint geradezu maßgeschneidert für moderne Ansprüche. So gut wie jeder kann von diesem Sport profitieren.

Offiziell wurde die Sportart Nordic Walking im Frühjahr 1997 von der finnischen Firma Exel präsentiert, die zum Marktführer für Nordic-Walking-Stöcke aufrückte. »Sauvakävely«, wie der Ganzjahressport im hohen Norden heißt, wird inzwischen von jedem fünften Finnen betrieben.

Seit 2003 boomt Nordic Walking auch in den USA, Japan und vor allem bei uns. Im Mai 2000 konstituierte sich der Deutsche Nordic Walking Verband (DNV) – eine Interessengemeinschaft zur Förderung gesundheitlicher Bewegungsformen mit Stöcken. Der deutsche, österreichische, schweizerische, italienische und amerikanische Verband haben sich zusammengeschlossen – zum »Internationalem Nordic Fitness Verband« (INFO). Mit über 5000 ausgebildeten Basic Instructors ist der DNV der weltweit größte. Ziel ist, ein flächendeckendes Netz an einheitlichen, qualifizierten Kursen und weitere Angebote zur Nordic Fitness anzubieten. Unterstützt werden Personen, Organisationen und Unternehmen mit dem Ziel Prävention und Gesundheitsförderung.

Leichter Einstieg ins bewegte Leben

So viel steht fest: Nordic Walking ist bestens geeignet als Einstieg in ein bewegtes Leben. Nordic Walking boomt. Schon über 600 000 sind an die Stöcke gekommen. Doch das ist erst der Anfang der Bewegung. In einer Erhebung hat die Gesellschaft für Konsumforschung (GfK) herausgefunden, dass es hierzulande acht Millionen Nordic-Walking-Interessierte gibt.

Warum Nordic Walking so attraktiv ist

- Nordic Walking ist leicht zu lernen, weil es eine ganz natürliche Bewegungsform ist.
- Nordic Walking ist eine der wenigen Sportarten, die jeder in jedem Alter ausüben kann.
- Nordic Walking ist zu jeder Jahreszeit und bei jedem Wetter möglich.
- Nordic Walking ist körperlich sehr gut regulierbar. Die Intensität lässt sich leicht erhöhen oder reduzieren: durch die Geschwindigkeit (schnell/langsam), die Geländewahl (steil/flach), Schritt- und Sprungübungen (Gehen, Traben, Springen), Stärke des Stockeinsatzes (mehr/weniger Druck auf den Stock bringen).
- Nordic Walking ist hervorragend für Menschen geeignet, die mit Sport bislang nicht viel im Sinn hatten (klassische »Sportmuffel«).
- Nordic Walking ist perfekt für all jene, denen Laufen zu anstrengend ist oder Walking nicht genügend Leistung abverlangt.
- Nordic Walking ist ideal für Übergewichtige, die auf schonende Weise Gewicht verlieren möchten.
- Nordic Walking ist empfehlenswert für Personen mit Gelenkproblemen und für alle, die verletzungsbedingt eine Laufpause einlegen müssen.
- Nordic Walking ist besonders geeignet zur Rehabilitation von orthopädischen Problemen (Knie, Hüfte) und Herz-Kreislauf-Erkrankungen.
- Nordic Walking kostet nicht viel.

Reebok

Expertentipp

Sehr gut geeignet ist Nordic Walking für Anfänger und sportliche Wiedereinsteiger, für ältere Menschen, für Personen mit Gelenkschäden, Venenproblemen, Übergewicht, Herz-Kreislauf-Erkrankungen, für Patienten, die nach einer Operation wieder Sport treiben möchten, für Leistungssportler, die Ausgleich, und Aktive, die etwas Neues suchen.

Vier von fünf Nordic Walkern sind Anfänger und ältere Neueinsteiger, die bislang sportabstinent gewesen sind, oder Wiedereinsteiger, die jahrelang keine für sich passende Sportart gefunden haben. Frauen sind in der Überzahl.

Wer sich wenig bewegt, wer also die Muskelarbeit vernachlässigt, setzt auch die bedeutsame Funktion und Fähigkeit der Muskulatur zur Fettverbrennung außer Betrieb.

Doch dass Nordic Walking nur Rentner lockt, ist nichts als ein Vorurteil. Immerhin sind 54 % der Interessierten zwischen 14 und 39 Jahre alt – sagt die GfK-Studie.

Für die Mastertrainerin Irmgard Förster ist es immer wieder eine »große Freude«, wenn sie erlebt, »wie Menschen, die sich schon lange nicht mehr bewegt haben, durch Nordic Walking wieder zum Sport finden«. Wie diese Menschen nach einer gewissen Zeit wieder ein natürliches Verhältnis zu ihrem Körper aufbauen. Wie sie ein neues Ernährungsbewusstsein entwickeln. Wie sie sich durch regelmäßiges Training langsam an einen neuen Lebensstil gewöhnen und sich in ihrem Körper spürbar immer wohler fühlen.

In jeder Gruppe sind sie vertreten: kurzatmige Bürohocker und bequeme Couchpotatoes, die sich immer mehr in den Teufelskreis der Trägheit manövrierten.

Oder Füllige und Übergewichtige, die sich verzweifelt mit immer neuen Diäten plagten, aber nie den erhofften Erfolg sahen. Im Gegenteil: Sie wurden zu Opfern des berüchtigten Jo-Jo-Effekts und zum leibhaftigen Beweis, dass Diäten fast immer dick und unglücklich machen.

Turbo für die Fettverbrennung

Zum Abnehmen gehört Bewegung. Dass Nordic Walking im Vergleich zu normalem Walken den Kalorienverbrauch erheblich steigert, wurde wissenschaftlich ein ums andere Mal nachgewiesen. Eine signifikante Zunahme des Sauerstoff- und Energieverbrauchs um durchschnittlich 20 % bei gleichem Tempo ermittelte das renommierte Cooper Institute in Dallas, Texas, in einer Studie. Kein Wunder: Schließlich sind beim Nordic Walking rund 90 % der Muskulatur

Interview mit Edith Bierbaumer

Edith Bierbaumer, 27, ist Geschäftsführerin der Sportakademie der SPORTUNION Österreich (mit über einer Million Mitgliedern in 4000 Vereinen). Die Niederösterreicherin ist seit 2002 Nordic-Walking-Mastertrainerin und seit der Geburtsstunde von Nordic Walking in Österreich mit dabei.

Frau Bierbaumer, Sie setzen sich massiv dafür ein, dass Nordic Walking in die Vereine kommt. Warum dieses besondere Engagement für die Sportart?
Nordic Walking ist eine ideale Form der Bewegung, für Junge und Ältere, für Einsteiger und Leistungssportler, für Übergewichtige und für Menschen, die ihrer Gesundheit Gutes tun wollen. Die Ausbildung ist nicht kompliziert. Niemand muss und kann sich dabei überfordern. Erste Trainingserfolge zeigen sich recht bald. Für die Vereine braucht es nicht viel, außer der Beschaffung von Stöcken; geeignete Strecken und Wege gibt es überall. Mit Nordic Walking steht Vereinen also ein neues Angebot zur Verfügung, mit dem sie die ganze Familie locken können.

Wie wird Nordic Walking angenommen?
Wir haben für unsere SPORTUNION-Vereine schon über 650 Nordic Walking Guides ausgebildet. Insgesamt liegen wir ganz großartig im Rennen. In Österreich gibt es mittlerweile bereits 3000 Instructors und rund 300 000 Aktive. Das Potenzial wird bei uns auf zwei Millionen geschätzt – das bedeutet, für jeden vierten Österreicher könnte Nordic Walking schon bald ein hervorragendes Mittel zur Steigerung des ganz persönlichen Wohlbefindens sein.

Haben Sie eine Erklärung dafür?
Im Moment sind 60 % sportlich inaktiv. Ein großer Teil der österreichischen Bevölkerung ist mit seiner Fitness und mit dem Körpergewicht unzufrieden. Mit unserer Initiative »Fit is a Hit« wollen wir helfen, den Einstieg in ein bewegteres und gesünderes Leben zu finden. Nordic Walking ist dafür hervorragend geeignet – es ist genau die passende Bewegung für die Ansprüche des 21. Jahrhunderts: sehr effektiv und sehr motivierend. Nordic Walking ist eine wunderbare »Einstiegsdroge« für Bewegung.

Wie kommt Nordic Walking bei den Jüngeren an?
Zu Beginn haben sich vor allem die Frauen über 40 für Nordic Walking interessiert. Jetzt werden immer mehr Männer aktiv, darunter auch viele Spitzensportler, etwa Marathonläufer. Erfreulich, dass wir inzwischen auch mehr und mehr junge Frauen erreichen, die nach der Babypause wieder etwas für sich tun möchten. Die jungen Fitnessfreaks favorisieren Sport mit Erlebnischarakter – da hat Nordic Blading ganz tolle Chancen.

in Aktion, vor allem die größten Muskelgruppen – die unteren Extremitäten und durch die dynamische Armarbeit eben auch die Oberarme und Schultern.

Leistungsdruck und Verletzungsgefahr sind beim Nordic Walking minimal. Selbst im Winter spricht alles für diese Art Training; schließlich geben die Stöcke auf Schnee und Eis zusätzlichen Halt und höhere Gehsicherheit.

Bekanntlich verbrennt Fett einzig und allein im Muskel. Genauer gesagt: In den muskulären Zellkraftwerken (Mitochondrien), die man sich als winzige Fettverbrennungsöfen vorstellen kann, werden Fettsäuren in Energie umgewandelt.

Nur wer seine großen Muskelgruppen regelmäßig über einen längeren Zeitraum arbeiten lässt – wie beim Nordic Walking –, fordert und mobilisiert seinen Stoffwechsel. Der Körper passt sich auf wundersame Weise neuen Anforderungen an:

- Die Muskelmasse nimmt zu.
- Die Zahl der fettverbrennenden Enzyme und Zellkraftwerke (Mitochondrien) nimmt zu.
- Der Energiegrundumsatz des Körpers steigt.

Die Cooper-Studie wird gern zitiert, weil es bei einigen Probanden bemerkenswerte Ergebnisse gab. Bei manchen Nordic Walkern vergrößerte sich der Kalorienverbrauch um bis zu 46% – obwohl die Beteiligten die Anstrengung keineswegs größer empfanden als beim klassischen Walking.

Seither gilt als erwiesen: Kein anderes Ausdauertraining ist so effektiv wie Nordic Walking.

Allradantrieb

Konsequente Beinarbeit, massiver Armeinsatz – beim Nordic Walking verbrennt der Körper über 400 Kilokalorien pro Stunde. Zum Vergleich: Beim normalen Walking sind es nur 280 Kilokalorien pro Stunde. Und beim Jogging 400 bis 700 Kilokalorien pro Stunde – das hängt vom Körpergewicht des Läufers und von seinem Lauftempo ab. Allerdings: Wer schafft das schon – eine Stunde lang schnell zu laufen?

Was Nordic Walking für die Gesundheit bringt

Regelmäßiges Nordic-Walking-Training trägt zur Gewichtsreduzierung bei, fördert die Durchblutung und stärkt das Herz-Kreislauf-System sowie die körpereigenen Abwehrkräfte. Bei gleicher Belastung wird Nordic Walking »angenehmer und weniger anstrengend empfunden« als Walking oder gar Laufen, bestätigt auch Dr. Ernst Jakob, Mannschaftsarzt beim Deutschen Ski Verband und Leiter der sportmedizinischen Abteilung im Sportkrankenhaus Hellersen. Auch er hat den Gesundheitseffekt von Nordic Walking wissenschaftlich erforscht und fand heraus, dass bei höherer Belastung die Laktatkonzentration nur moderat ansteigt. D. h.: Weil die Muskeln viel später als etwa beim Laufen übersäuern, kann man länger durchhalten. Fazit der Studie: »Aus sportmedizinischer Sicht ergeben sich überwiegend positive Aspekte.« Seine persönliche Bewertung: »Nordic Walking ist eine ganz großartige Sache.«

Durch Nordic Walking verbessert sich langfristig nicht nur die Kondition, sondern auch die Körperhaltung, und das, was Sportwissenschaftler Vitalkapazität der Lunge nennen, vergrößert sich. Zugleich nimmt die »maximale Sauerstoffaufnahmefähigkeit« zu, weil sich die Atmung vertieft. Wenn mehr Sauerstoff durch den Körper flutet, kann jede einzelne Körperzelle besser funktionieren.

Die Sportmedizin kennt fünf Faktoren, die durch Training positiv beeinflusst werden: Koordination (Zusammenspiel von Muskeln), Ausbildung von Kraft, Erhöhung der Flexibilität (z. B. durch Gymnastik), Entwicklung von Ausdauer und Verbesserung der Schnelligkeit. Beim Nordic Walking werden die ersten vier Bereiche wirkungsvoll trainiert.

Herz und Kreislauf kommen in Schwung

Das Herz-Kreislauf-System wird beim Nordic Walking wirksam angeregt und lernt, ökonomischer zu arbeiten. Tatsache ist: Ein trainiertes Herz braucht weniger Schläge, um die gleiche Menge Blut durch den Körper zu pumpen. Mehr noch: Weil das Herz kräftiger schlägt, gelangt mehr Blut in das Körpersystem – und mithin auch mehr Sauerstoff. Erwiesen ist außerdem, dass Nordic Walking das vegetative Nervensystem stärkt – und damit die Abwehrkräfte.

Regelmäßiges Nordic Walking wirkt sich günstig auf den Cholesterinspiegel und den Blutdruck aus. Bei Patienten mit rheumatischen Beschwerden wird sehr oft die Schmerzsituation erheblich verbessert. Durch die Kontraktion der Beinmuskulatur wird bei Venenpatienten der Rückfluss des venösen Blutes zum Herzen stark gefördert. Bei Koronarpatienten fördert das schonende Ausdauertraining die koronare und periphere Durchblutung.

Reebok

Expertentipp

Wer seine Herzfrequenz durch Training nur um zehn Schläge pro Minute senken kann, erspart dem Herz täglich 16 000 Herzaktionen – das summiert sich zu 5,2 Millionen weniger Herzschlägen pro Jahr. Dadurch erhöht sich die Lebensdauer.

Nordic Walking schont die Gelenke

Bei jedem Laufschritt, beim Aufsetzen des Fußes auf den Boden, werden Hüft-, Knie- und Sprunggelenke mit Kräften belastet, die ungefähr das 3,5- bis 5-fache des Körpergewichts ausmachen können. Beim Walking entspricht dieser Faktor 1,8. Beim Nordic Walking ist die Belastung für die Gelenke besonders gering. Dr. Jakob: »Durch den unterstützenden Stockeinsatz wird die Belastung auf die Gelenkknorpel, den bindegewebigen Bandapparat und die Knochen der unteren Extremitäten um die Hälfte reduziert.«

Durch regelmäßiges Training werden die Gelenke auch deutlich besser ernährt. Denn: Bewegungsmangel ist Gift für die Gelenke. Durch stundenlanges Sitzen oder Stehen »verhungern« unsere Gelenke gewissermaßen – der Gelenkknorpel kann nicht optimal mit Nährstoffen versorgt werden.

Bewegungsmangel ist eine Hauptursache für das Entstehen von Arthrose. Um dieses Phänomen besser zu verstehen, hilft vielleicht ein kleiner Ausflug in die Anatomie der Gelenke.

Warum die Gelenke Bewegung brauchen

Damit unsere Gelenke den ständigen Druckbelastungen gewachsen sind, müssen sie Höchstleistungen vollbringen. Bei einer so simplen Sache wie von einem Stuhl aufzustehen wirken auf den Gelenkknorpel des Kniegelenks Kräfte von bis zu zehn Zentnern.

Aufgabe der Gelenke ist es, verschiedene Knochen beweglich miteinander zu verbinden. Knochen sind sehr lebendige und feste Gewebe, die sich ständig neu auf- und abbauen. Sie haben einen aktiven Stoffwechsel und werden über Blutgefäße versorgt. Um die Reibung der Knochen möglichst gering zu halten, werden sie durch eine spiegelglatte Knorpelschicht geschützt. Allerdings ist dieses Knorpelgewebe nicht direkt mit Blutgefäßen verbunden. Aus gutem Grund: Sie würden leicht abgedrückt.

Die Versorgung des Gelenkknorpels mit Nährstoffen funktioniert allein durch Bewegung. Nur ein ständiger Wechsel von Be- und Entlastung, also eine gleichmäßige und sanfte Druckbelastung, sorgt dafür, dass Nährstoffe von der Gelenkinnenhaut, die reich an Blutgefäßen ist, abgegeben, in den Gelenkspalt hinein- und Abfallstoffe herausgepresst werden.

Nordic Walking hilft den Gelenken gleich doppelt. Es belastet schonend, aber durch die Stöcke wird der Bewegungsapparat erheblich entlastet.

Die schonende Bewegung durch Nordic Walking sorgt dafür, dass Gelenke belastet, aber nicht überlastet werden. Der Gelenkknorpel wird optimal mit Nährstoffen versorgt und bleibt länger leistungsfähig. Nachweislich kann dem Knochenmasseverlust (Osteoporose) – vor allem bei Frauen nach den Wechseljahren – und Arthrose wirksam vorgebeugt werden.

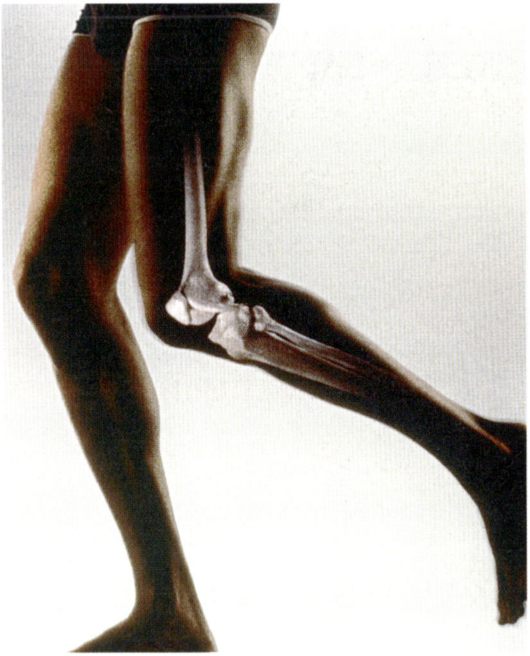

Nordic Walking hilft dem Rücken

Nordic Walking kann ebenso helfen, Rückenproblemen vorzubeugen. Denn auch unsere Wirbelsäule braucht Bewegung, besonders die Bandscheiben. Sie fungieren als Puffer zwischen den einzelnen Wirbelkörpern – auch sie werden nicht über die

Für die Ernährung der Gelenke, besonders des Knorpels, und für die Bildung von Gelenkflüssigkeit ist Bewegung unbedingt nötig. Die Ausdauerbewegung beim Nordic Walking hält auch den Auf- und Abbau der Knochen im Gleichgewicht und sorgt dafür, dass die Stabilität der Knochen gestärkt wird.

Blutgefäße ernährt und brauchen für die Versorgung mit Nährstoffen den Wechsel von Be- und Entlastung.

Wer sich zu wenig bewegt, tut den Bandscheiben einen Bärendienst. Schlecht durchsaftet werden sie viel schneller brüchig und porös – sie nutzen sich schneller ab. Die oftmals quälenden Folgen: Hexenschuss, Bandscheibenvorfall, ständige Rückenschmerzen.

Wer beim Nordic Walking auf korrekte Haltung achtet, macht sich zum Freund seiner Bandscheiben. Denn durch die kontrollierte Druckbelastung erfahren die Bandscheiben optimale Reize – was ihre Ernährung und Regeneration verbessert.

Nordic Walking löst Verspannungen

In einer finnischen Studie wurde untersucht, wie sich Nordic Walking auf Nacken- und Schulterschmerzen auswirkt, die durch Haltungsfehler bei der Arbeit am Computer verursacht werden. 16 betroffene Büroangestellte (alle um die 50 Jahre alt) nahmen zehn Wochen lang zweimal wöchentlich an einer geführten einstündigen Nordic-Walking-Einheit teil. Keiner hatte Erfahrung. Als Kontrollgruppe dienten ebenso viele Kollegen, die inaktiv blieben. Anhand von Fragebögen wurde die Veränderung der Schmerzen dokumentiert.

Das Ergebnis der Studie fiel eindeutig aus. Die frisch gebackenen Nordic Walker gaben zu Protokoll, dass Schmerzen und Verspannungen im Nacken- und Schulterbereich wesentlich nachgelassen hätten, während sich die Mobilität des Oberkörpers, vor allem auch die seitliche Beweglichkeit der im Alltag meist sträflich vernachlässigten Nackenpartie und die der Wirbelsäule, erfreulich verbesserten. Über solche Studienergebnisse freuen sich sicherlich auch die Krankenkassen. Einige setzen schon jetzt auf die positiven Wirkungen des Nordic Walking. Tatsächlich klagen inzwischen 80 % der arbeitenden Bevölkerung in den Industriestaaten über – gelegentliche oder gar chronische – Rücken- und Gelenkbeschwerden.

Outdoor-Arena: Hierzulande entstehen immer mehr Nordic-Fitness-Parks mit ausgeschilderten Routen.

Nordic Walking verbessert die Sauerstoffversorgung

Nordic Walking bringt auch die Sauerstoffversorgung des Körpers auf Touren. Die Lunge lernt, größere Mengen Luft aufzunehmen, und transportiert mehr Sauerstoff in den Körper. Dabei gelangt der Sauerstoff aus den Lungenbläschen in die Blutkapillaren, während gleichzeitig das Kohlendioxid aus den Kapillaren in die Lungenbläschen übertritt und ausgeatmet wird. Tiefere Atemzüge sorgen also auch für eine stärkere Belüftung der Lungenbläschen. Das wirkt sich außerdem indirekt auf die roten Blutkörperchen aus, die den Sauerstoff im Blut transportieren. Deren Anzahl steigt mit der Trainingsdauer. Davon profitieren die Organe und das Gewebe – alles wird besser mit Sauerstoff versorgt.

Das kommt auch dem Gehirn zugute. Beim Training wird unser Denkorgan mit doppelt so viel Sauerstoff versorgt wie bei einer sitzenden Tätigkeit. Deswegen kommen einem unterwegs oftmals die besten Ideen. Außerdem steigt beim Training im richtigen Pulsbereich das für kreative Kopfarbeiter unverzichtbare adreocorticotrophe Hormon (ATCH). Es kann Fettablagerungen zwischen den Gehirnzellen wieder lösen. Dadurch verbessert und beschleunigt sich unser Gedankenstrom.

Durch das Tageslicht werden auch noch zwei Hormone, die das Wohlbefinden direkt beeinflussen, im richtigen Takt stimuliert: das Schlafhormon Melatonin und das Gute-Laune-Hormon Serotonin.

Frischluftkur

Bewegung an der frischen Luft ist immer gut. Einerseits wird der Kreislauf angeregt, andererseits erhöht der Einfluss von Sonnenlicht die Umwandlung von Provitamin D in seine aktive Form, die für den Knochenaufbau notwendig ist, und es reguliert den Kalzium- und Phosphathaushalt im Körper. Außerdem führt es zu einer Erhöhung des Botenstoffs Dopamin im Gehirn, der Gefühlsleben und Stimmung steuert. Ein Defizit von Dopamin führt zu depressiven Verstimmungen.

Bewegung tut der Seele gut

Bloß keine Angst vor kritischer Konkurrenz: Wer über Langsamere lästert, kann nicht viel Ahnung vom Nordic Walking haben!

Hinter dem Kürzel SAD verbirgt sich ein sehr verbreitetes Phänomen: die »saisonal abhängige Depression«. Zwischen Oktober und März, wenn draußen das Grau in Grau dominiert, steigt bei vielen Menschen zwar der Appetit, aber Energie und Unternehmungslust schwinden. Traurige Verstimmungen lassen sich auf ganz natürliche Weise bekämpfen: durch Bewegung an der frischen Luft, am besten in der Gruppe.

Immer wieder beobachtet der Mastertrainer Jürgen Seckler aus Worms, wie depressive Menschen durch Nordic Walking aus ihrer Sackgasse finden. Anfangs sind sie voller Skepsis (»Ich kann das sowieso nicht«), machen nur zögerlich mit. Immerhin – dass sie dabei sind, ist ein erster Schritt aus der Selbstisolation. Oft sind Fortschritte schon nach wenigen Übungsstunden unübersehbar.

Gleichgesinnte: Nordic Walking geht allein. Aber in der Gruppe macht es doppelt Spaß.

Sie halten sich nicht mehr im Hintergrund auf, sie preschen vor, sie tauen auf, sie trauen sich etwas zu und öffnen sich zum Gespräch mit anderen. Ihnen ist anzumerken, wie ihr Selbstwert (»Ich kann was«) langsam wächst. Sie erleben spielerisch, wie Stärke erwacht. Sie erkennen: Ich kann mich an die Gruppe anpassen, oder ich kann mein eigenes Tempo gehen. Ein kleiner Schritt aus dem Dunkel der Depression, aber ein wichtiger Schritt.

Beobachten Sie sich in der Gruppe selbst: Was ist mir wichtig? Will ich das Tempo der Gruppe mitgehen? Will ich mich auspowern? Oder will ich lieber in meiner Frequenz hinterhergehen? Was macht das denn? Schließlich kommen am Schluss ohnehin wieder alle zusammen.

Spaß in der Gruppe

Nordic Walking kann jeder für sich allein betreiben – oder in der Gruppe. Meist sind der Spaß und die Motivation, am Ball zu bleiben, in der Gruppe größer. Außerdem lässt sich Nordic Walking am schnellsten und besten in der Gruppe erlernen – geleitet von einem geschulten Trainer.

Weiterer Vorteil: Auch Leute mit unterschiedlichem Trainingsniveau können gemeinsam starten, denn die Intensität des Trainings lässt sich über den Stockeinsatz regulieren. Wer besonders fit ist, kann mit den Stöcken mehr Gas geben.

»Deutschland bewegt sich«

In der Schweiz wird Nordic Walking als Gesundheitsmaßnahme bei übergewichtigen Patienten, die häufig an Gelenkproblemen leiden, vom Arzt verschrieben. Auch bei uns erkennen immer mehr Krankenkassen, etwa die AOK, Techniker-Krankenkasse, Barmer, KKH oder die DAK, den Wert dieses Sports als Präventionsmaßnahme und gewähren einen Zuschuss von bis zu 80 % für einen Nordic-Walking-Kurs. Voraussetzung: vollständige Teilnahme an 6 x 1,5 Stunden geführten Trainingstouren mit einem anerkannten Trainer (Physiotherapeut oder Dipl.-Sportlehrer) und »momentan keine Teilnahme an weiteren geförderten Präventionsmaßnahmen im Bewegungsbereich«.

Nordic Walking als Rehasport

Die Finnin Sanna Laitinen hat am Institut für Rehabilitation, Sporttherapie und Behindertensport der sportwissenschaftlichen Fakultät der Universität Leipzig über das Thema Nordic Walking eine Diplomarbeit geschrieben. Sie beobachtete 40 Herzpatienten während der Reha. Die eine Gruppe ging spazieren, die anderen walkten mit Armeinsatz, und ein Drittel benutzte Stöcke.

»Nordic Walking wird sich sehr schnell als Rehasport durchsetzen«, prognostiziert Dr. Ernst Jakob. Auch, weil Herzpatienten nicht selten Übergewicht haben. Nordic Walking, diese sanfte Form der Bewegung, kann ihnen problemlos nahe gebracht werden. Da kann keiner etwas falsch machen.

Die Nordic Walker gingen mit sehr viel größerem Spaß ans Training, sie fühlten sich sicherer, und ihr subjektives Belastungsempfinden war während des Trainings geringer. »Sie hatten die gleiche Strecke in gleicher Zeit zurückgelegt wie die anderen Testgruppen, fühlten sich aber weniger erschöpft«, berichtet die Diplomantin.

Bonusprogramm Nordic Walking

Seit Anfang 2004 steht im Sozialgesetzbuch V ein neuer Paragraph (65a), der den gesetzlichen Krankenkassen Bonusmodelle für ihre Versicherten ermöglicht. Das Ziel: Sie sollen gesundheitsbewusstes Verhalten verbessern. Alle großen Krankenkassen haben inzwischen Bonuspunkte im Programm. Der § 65a sagt aber auch, dass es »qualitätsgesicherte Maßnahmen zur Primärprävention« sein müssen.

Die meisten Krankenkassen haben auf der Suche nach Qualitätssicherung entschieden, z. B. Gesundheitssportangebote von Sportvereinen, die mit dem Qualitätssiegel »Sport pro Gesundheit« ausgezeichnet sind, anzuerkennen. Hierzu gehören auch Kurs- und Dauerangebote Nordic Walking der Sportvereine. Freie Gruppen und Angebote fallen meist durch die Maschen. Einzige Ausnahme: Der Kurs ist bereits im Rahmen der Prävention (nach § 20 SGB V) anerkannt. Dann gibt es auch Bonuspunkte. Es lohnt, sich bei der Krankenkasse zu informieren. Und es lohnt sich vor allem, mit Nordic Walking zu beginnen – der idealen Bewegungsform für Gesundheit und Wohlbefinden.

Wie Nordic Walking der Gesundheit nützt	
Herz	• Der Ruhepuls und der Belastungspuls sinken. • Das Herzvolumen vergrößert sich. • Die Durchblutung des Herzmuskels verbessert sich. • Die maximale Sauerstoffaufnahmefähigkeit steigt. • Das Herz arbeitet ökonomischer.
Gefäßsystem und Blut	• Das Risiko für Arteriosklerose sinkt. • Der Blutfettspiegel sinkt, und der Anteil des positiven HDL steigt. • Organe und Muskulatur werden besser mit Sauerstoff und Nährstoffen versorgt. • Die Fließeigenschaften des Blutes verbessern sich. • Die Gefahr für Thrombose sinkt. • Die Blutmenge und der Hämoglobingehalt erhöhen sich.
Lunge	• Das maximale Atemvolumen vergrößert sich. • Die Atemökonomie für vergleichbare Belastungen steigt.
Risikofaktoren	• Vorbeugung von Herz-Kreislauf-Erkrankungen und Abschwächung bzw. Beseitigung von Risikofaktoren wie Bluthochdruck, Diabetes mellitus, Übergewicht, erhöhte Blutfettwerte, erhöhter Harnsäurespiegel und Bewegungsmangel.
Osteoporose	• Vermutlich vorbeugende Wirkung
Muskulatur	• Die Durchblutung verbessert sich, ebenso die Sauerstoffaufnahme, -speicherung und -verarbeitung.
Immunsystem	• Das Immunsystem wird gestärkt. • Vorbeugende Wirkung gegen Tumorerkrankungen
Leistung	• Verbesserte Ausdauerleistungsfähigkeit und gesteigerte Leistungsfähigkeit
Regeneration	• Beschleunigte Erholung, verbesserte Regenerationsfähigkeit
Körperform	• Zusätzlicher Energieverbrauch, Fettabnahme, Körpergewichtsreduktion bei Übergewichtigen im Zusammenhang mit einer qualitativen und/oder quantitativen Ernährungsumstellung
Psyche	• Das Wohlbefinden verbessert sich. • Anspannungen und Ängste werden abgebaut. • Die Stresstoleranz steigt. • Körperbewusstsein und Selbstwertgefühl nehmen zu.

Die richtige **Ausrüstung**

Das optimale Drunter und Drüber

Die richtige Ausrüstung – das hört sich nach größeren Anschaffungen an. Doch die sind gar nicht nötig, denn Nordic Walking ist ein ungewöhnlich preiswerter Spaß.

Im Prinzip braucht es nicht viel, um jederzeit und überall das Training ausüben zu können: Ein paar Schuhe, bequeme Bekleidung und zwei Nordic-Walking-Stöcke mit speziellen Griffschlaufen genügen.

Wie viel sollte ein Nordic Walker investieren?
Die Basisausrüstung ist schon für rund 200 Euro zu haben: die Stöcke, die Sportschuhe und ein Herzfrequenzmesser. Überzeugte Nordic Walker sind aber bereit, mehr auszugeben – z. B. für funktionierende Bekleidung, einen Trinkflaschengürtel, eventuell Handschuhe. Sie erkennen schließlich: Ich investiere in Spaß, Gesundheit und mehr Qualität für mein Leben.

Die Stöcke sind das A und O

Die Stöcke sind beim Nordic Walking das Haupthandwerkszeug. Sie müssen den speziellen Anforderungen gerecht werden: also möglichst leicht sein, über höchste Stabilität verfügen, Schwingungen aufnehmen und absorbieren. An den Stöcken sollte man nicht sparen. Die Stöcke kann man ja auch für Aufwärmübungen, fürs Dehnen und Kräftigen einsetzen.

Nordic-Walking-Stöcke unterscheiden sich von Ski-, Trekking- oder Wanderstöcken. Sie sind in der Regel einteilig und werden aus Aluminium oder aus Carbon bzw. einer Carbon-Glasfaser-Mischung gefertigt, um den vielfältigen Belastungen an das Material (Zug, Druck) gerecht zu werden.

Die Stöcke sollen vor allem führen, stützen und dämpfen. Das Material muss auf jeden Fall den individuellen Anforderungen an das Nordic-Walking-Training gerecht werden. Ein 100-Kilo-Mann braucht beispielsweise einen stabilen Carbonstock, während eine leichte Person auch mit weicherem Material (Carbon-Glasfaser-Mischung) ein tolles Trainingsprogramm absolvieren kann. Es gibt aber auch zweiteilige, in der Länge verstellbare Stöcke – so genannte Teleskopstöcke.

Mehrere Hersteller bieten auf dem wachsenden Markt inzwischen eine Vielzahl von speziellen Nordic-Walking-Stöcken.

Welches Material ist empfehlenswert?

Selbst die Abteilung »Produktsicherheit« beim Bayerischen Staatsministerium für Umwelt, Gesundheit und Verbraucher will sich nach aufwändigen Testreihen nicht festlegen: »Eine Aussage über die Qualität des Stockes kann aus der Materialverwendung nicht getroffen werden.«

Doch so viel steht fest: Die Wahl des Materials ist immer auch Gefühlssache. Am besten, Sie probieren im Fachhandel mehrere Modelle aus und lassen sich von einem gut geschulten Fachverkäufer beraten. Auch, weil erfreulicherweise die Vielfalt des Angebots rasant zunimmt. Berücksichtigen Sie bei der Kaufentscheidung ebenfalls, in welchem Gelände und auf welchem Untergrund Sie trainieren werden und wie Ihre Trainingsziele konkret aussehen.

Wie viel kosten gute Stöcke? Einsteigermodelle gibt es schon ab rund 50 Euro. Ein paar Stöcke mit besserem Griff und »Asphalt-Pad« kostet rund 70 Euro. Extrem leichte Spitzenmodelle aus Carbon und mit Korkgriff können über 100 Euro kosten.

Nordic-Walking-Stöcke im Überblick

Material	Die Vorteile	Geeignet für
Carbon	• Extrem leicht • Hohe Festigkeit für sehr sportlichen Einsatz • Geringe Vibration • Gelenkschonend	• Fortgeschrittene • Kräftige Sportler
Carbon/Glasfaser	• Geringes Gewicht • Weicheres Schwingungsverhalten • Gelenkschonend • Günstigerer Preis	• Breiten- und Gesundheitssportler
Aluminium	• Preiswert • Weicheres Schwingungsverhalten	• Preisbewusste Einsteiger, Breiten- und Gesundheitssportler

Die Stockspitzen

Einfache Stöcke haben Aluminiumspitzen, die sich schnell abnutzen. Höherwertige Stöcke haben Spitzen aus gehärtetem Stahl, deren Lebensdauer deutlich höher ist. Trotzdem sollte die Spitze austauschbar sein. Die Metallspitze sollte leicht abgeschrägt sein, damit sie beim Abstoß verbesserten Halt gibt und ein Abrutschen verhindert wird.

Für das Gehen auf Asphalt gibt es Gummiaufsätze (»Pads«), die auf hartem Untergrund den Stoß dämpfen und den Grip verbessern. Außerdem wird das lästige Geräusch (»Klack, klack, klack«) beim rhythmischen Aufprall auf Asphalt abgemildert.

Nur mit den für Sie optimalen Griffen und Schlaufen gehen Sie richtig am Stock.

Der Stockgriff

Der Stockgriff muss ergonomisch geformt sein, um sich der Hand gut anzupassen. Das Material sollte aus griffigen, schweißhemmenden bzw. -absorbierenden Materialien (Kork, spezielle Kunststoffe) sein und über eine ausreichende Dicke verfügen: Ein rutschiger, glitschiger Griff ist nicht nur unangenehm zu halten, er muss auch mit erhöhtem Kraftaufwand fixiert werden, damit die Hände nicht abrutschen.

Die Stockschlaufen

Für die Bequemlichkeit sind die Handschlaufen entscheidend. Sie sollten aus stabilem, aber weichem Material gearbeitet und angenehm breit sein, um die Kraftübertragung auf die Stockspitzen komfortabel

zu gewährleisten. Die Hersteller von Nordic-Walking-Stöcken haben spezielle Handschlaufen entwickelt, die ein exaktes Führen erlauben und bei denen auch eine stundenlange Benutzung ermüdungsfrei möglich ist, weil bei diesen Schlaufen der Stock nicht ständig fest umklammert werden muss. Das ständige Öffnen und Schließen der Hand aus der Laufbewegung heraus gehört schließlich zu den Grundtechniken beim Nordic Walking. Die Stöcke werden beim Vorschwingen der Arme fast automatisch wieder in die richtige Position gebracht. Der Druck auf die Hand wird gleichmäßiger verteilt als bei einfachen Schlaufen. Damit wird die Blutzirkulation in der Hand nicht beeinträchtigt.

Lassen Sie sich im Fachhandel die unterschiedlichen Systeme der Hersteller demonstrieren, und entscheiden Sie sich für das System, mit dem Sie am besten zurechtkommen.

Reebok

Expertentipp

Erfahrungsgemäß ist der Einsatz spezieller Nordic-Walking-Handschuhe zu empfehlen. Sie verhindern lästige, schmerzhafte Blasen und Schwielenbildung.

Die optimale Stocklänge

Nur mit der richtigen Stocklänge ist eine gute Technik, also auch maximaler Nutzen möglich. Die individuell richtige Stocklänge hängt jeweils von der persönlichen Anatomie (Rumpf-, Arm- und Beinlänge) ab.

Unter Fachleuten gibt es immer wieder Streit darüber, mit welchem Berechnungsfaktor (0,7? 0,72?) die ideale Stocklänge für Nordic Walker berechnet wird. Die Spezialisten des Deutschen Nordic Walking Verbands (DNV) empfehlen die Faustformel:

Körpergröße in cm x 0,66

Sie stützen sich auf Tausende von Videoanalysen. Mit den nach dieser Formel errechneten Stocklänge wird der natürliche, also physiologische Bewegungsablauf beim Nordic Walking ermöglicht. Durch zu lange Stöcke werden ausweichende Rotationsbewegungen in Schulter- und Ellbogengelenk provoziert – man hebt unwillkürlich die Schultern an, was auf Dauer zu Verspannungen führt. Außerdem ist die Bodenkontaktzeit der Stöcke kürzer. Somit verlieren Sie Effektivität – also Vorschub. Eine der Gesetzmäßigkeiten beim Nordic Walking lautet: Je länger der Stock Bodenkontakt hat, desto effektiver sind der Trainingsreiz und der Kalorienverbrauch.

Tipp: Berechnen Sie die Stocklänge mit der Formel Körpergröße in cm mal 0,66. Bei Zwischenwerten (z. B. 117 cm) entscheiden Sie sich für 115-cm-Stöcke. Kürzere Stöcke bringen mehr Nutzen: Der Vorschub und die Entlastung des Körpers wirken besser.

Alle Hersteller bieten Nordic-Walking-Stöcke in den Längen von 100 bis 140 Zentimeter an, jeweils in Fünf-Zentimeter-Abstufungen.

Kann ich auch andere Stöcke benutzen?

Nein! Die positiven Trainingseffekte lassen sich nur mit speziellen Nordic-Walking-Stöcken erzielen. Diese Investition in mehr Trainingsspaß lohnt.

Teleskop- bzw. längenverstellbare Stöcke haben sich als ideale Begleiter beim Bergsteigen erwiesen, weil sie bei Bedarf bequem am Rucksack befestigt werden können. Fürs Nordic Walking sind sie nicht geeignet: Der technische Aufbau der meist dreiteiligen Stöcke bedingt ein höheres Gewicht (Gewindemechanik, versteckte Stocklängen). Außerdem vibrieren die Dinger und sind instabil – sie können plötzlich zusammenrutschen.

Selbstkontrolle: Schlüpfen Sie in die Schlaufen, und stellen Sie den Stock senkrecht vor sich auf den Boden. Der Winkel, den Oberarm/Unterarm bilden, sollte größer als 90 Grad sein.

Die idealen Schuhe

Achten Sie auch auf wasserabweisendes Material (z. B. Gore-Membran) der Schuhe – das ist bei Regen und im Winter wichtig.

Die Belastungen, die wir unseren Füßen zumuten, sollen und müssen die Schuhe ausgleichen. An die Schuhe werden hohe Ansprüche gestellt: stützen, führen, dämpfen und schützen.

Für den Einstieg, in der Testphase eignen sich auch herkömmliche Turnschuhe oder Trail-Running-Schuhe, während Joggingschuhe, die weichere Sohlen haben, ungeeignet sind. Warum? Durch die größere Schrittlänge beim Nordic Walking rutscht der Fuß durch den Schuh, was auf Dauer zu Druckstellen und Blasen führen kann. Wir empfehlen also spezielle Nordic-Walking-Schuhe.

Beim Nordic Walking ist besonders die Passform der Schuhe sehr wichtig. Sie sollte optimal auf den Fuß abgestimmt sein. Der Schuh

So finden Sie den richtigen Schuh

- Kaufen Sie am besten in speziellen Fachgeschäften.
- Prüfen und erfragen Sie die Kompetenz des Verkäufers. Er sollte folgende Punkte abklären: Welchen Fußtyp habe ich? Gewicht? Auf welchem Untergrund werde ich vor allem trainieren?
- Bringen Sie Laufsocken und – wenn möglich – gebrauchte Sportschuhe mit. Anhand der abgelaufenen Sohle kann der Verkäufer einseitige Belastungen oder falsches Abroll- und Abdruckverhalten erkennen.
- Besonders an der Ferse soll der Schuh guten Halt geben.
- Vertrauen Sie auch auf Ihr subjektives Gefühl!
- Wenn Sie morgens trainieren, kaufen Sie auch Ihren Schuh morgens, da die Fußwölbung sich über den Tag hin verändert. Wenn Sie bevorzugt nach der Arbeit walken, kaufen Sie auch Ihre Schuhe abends.
- Wenn Sie regelmäßig walken wollen, kaufen Sie sich zwei unterschiedliche Modelle von unterschiedlichen Firmen, damit Ihr Fuß abwechselnd und unterschiedlich belastet wird. Das verhindert eine einseitige Belastung, vor allem der Gelenke.

sollte einen geraden Leisten haben, damit eine saubere Fußführung und Abrollbewegung gewährleistet ist.

Eine bedeutende Aufgabe des Schuhs ist die Dämpfung. Die Walkingschuhe der neuesten Generation sind mit einem speziellen Dämpfungssystem ausgestattet. Außerdem kommt es auf die Stützeigenschaften der Schuhe an.

Worauf Sie achten sollten

Wichtige Qualitätsmerkmale sind Verarbeitung und der subjektive Tragekomfort. Folgende Kriterien helfen bei der Auswahl:

- Die Passform, besonders im Fersenbereich, muss stimmen.
- Der Schuh soll optimalen Halt geben. Sie dürfen darin nicht schwimmen – das provoziert die Bildung von Druckstellen und Blasen.
- Der Ballenpunkt soll an der richtigen Stelle liegen.
- Die Sohle soll griffig sein, aber dabei auch so flexibel, dass sie die Abrollbewegung unterstützt.

Zwar ist beim Nordic Walking die Belastung auf Bänder und Gelenke – im Vergleich zum Jogging – verhältnismäßig gering. Dennoch sollten Fehlstellungen des Fußes, wie beispielsweise ein übermäßig seitliches Einknicken, durch spezielle, vom Sportorthopäden angefertigte Einlagen korrigiert werden.

Mit einem optimal passenden Schuh erhöht sich die Bewegungsfreude, und es werden Verletzungen und Überlastungserscheinungen vermieden.

Hightech für Walker: Reebok- Schuhe bieten u. a. anatomische Aussparungen und Kerben, Zwischensohlen mit Dämpfungssystem und Unterstützung für Mittelfuß sowie Ferse.

Interview mit Bernd Neuhardt

Der Unternehmer Bernd Neuhardt, 43, führt seit acht Jahren ein Sportgeschäft in Zweibrücken (intersport Franck) und gründete Mitte 2003 die Nordic Walking Schule Saarpfalz.

Nordic Walking scheint eine einfache Sache zu sein – wie viel Beratung ist denn noch nötig?
Glücklicherweise kommen jetzt Menschen ins Geschäft, die bislang kaum oder keinen Sport betrieben haben. Viele haben Probleme mit ihrem Gewicht oder haben sich durch andere Bewegungsformen gesundheitliche Probleme eingehandelt – z. B. beim Joggen. Es kommt also auf fundierte und feinfühlige Beratung an. Wir sollten uns darauf konzentrieren, Spaß an der Bewegung zu vermitteln. Alles in allem ist Nordic Walking eine riesige Chance für den Handel, denn die Kundschaft der Nordic Walker ist sehr dankbar.

Welchem Missverständnis begegnen Sie besonders häufig?
Viele denken anfangs: Och, ich hol mir irgendein paar Stöcke, und dann geht das schon. Aber Nordic Walking ist eine ziemlich komplexe Bewegungsform. Es kommt auf das richtige Gangbild an – und dafür braucht man auch die richtigen Stöcke mit der richtigen Stocklänge. Und vor allem auch ein gutes Handschlaufensystem.

Inwiefern?
Die Handschlaufen sind ein elementares Teil der Stöcke. Wenn sie nicht richtig funktionieren, kann man den Oberkörper nicht richtig einsetzen – damit verpufft dann 30 % der Effektivität der Bewegung. Fachkundige Beratung ist also ausgesprochen wichtig.

Sind alle Fachverkäufer denn auch wirklich auf dem Laufenden?
Nordic Walking ist in einer schnellen Entwicklung, manche Erkenntnisse überholen sich gerade. Vielfach wurden falsche, also zu lange Stöcke verkauft. Es tut mir in der Seele weh, wenn Kunden sagen: Der Händler hat keine Ahnung. Stimmt, auch in der Schulung von Fachverkäufern besteht noch ein gewisser Nachholbedarf.

Wie groß schätzen Sie das Potenzial für Nordic Walking ein?
In Finnland ist bereits jeder Dritte mit Stöcken unterwegs. Wenn bei uns nur jeder Zehnte auf den Geschmack käme, wären das acht Millionen Menschen. Nordic Walking ist ein Geschenk für unser Gesundheitssystem; diese Chance haben jetzt auch die Krankenkassen erkannt. Ich bin sehr optimistisch, was sich hier entwickelt. In unserer Nordic Walking Schule Saarpfalz können wir der Nachfrage kaum noch nachkommen – obwohl wir bereits 26 Basic Instructors beschäftigen.

Gute Socken

Billige Baumwollsocken sind out. Denn Baumwolle saugt die Feuchtigkeit auf. Dabei vergrößert sich der Querschnitt der Fasern, die Socken weiten sich, werfen Falten, verursachen Reibung, scheuern. Dadurch kann man sich Blasen einfangen.

Ein abgestimmter Materialmix aus modernen Kunstfasern reguliert das Fußklima. Die Socken nehmen weniger Feuchtigkeit auf, geben sie vielmehr nach außen ab. Die Luftdurchlässigkeit bleibt erhalten, Körperwärme und Schweiß können gut weitergeleitet werden.

Besonders bei kaltem und nassem Wetter machen funktionelle Socken aus Kunstfasern den Unterschied: Die Feuchtigkeit (auch der Schweiß) verdunstet leichter und schneller.

Bei Sportsocken kommt es auf die Passform an, um lästiges Rutschen und Scheuern zu vermeiden, und sie haben keine Nähte, um Blasenbildung zu vermeiden. Moderne Funktionssocken kosten rund zehn Euro.

Die Bekleidung

Manche bemühen Mistwetter gern als Ausrede, um das Training ausfallen zu lassen. Doch mit dem richtigen Outfit gibt es keinen guten Grund, das Training zu kippen.

Nordic Walking ist eine Ganzjahressportart. Sie sollten also Ihre Kleidung den entsprechenden Jahreszeiten und Wetterbedingungen anpassen, klar. Fürs Übergangswetter eignen sich Tights und leichte Windjacken. An Jacken, die für echtes Mistwetter geeignet sind, sollten Sie nicht sparen. Die Jacke sollte eng anliegen und trotzdem die Armbewegung nicht beeinträchtigen. Besonders unter den Achseln und in der Leiste darf nichts zu eng sein und scheuern. Gute Jacken bestehen aus drei Lagen: Innenfutter, Folienmembran, Außenhaut.

»Es gibt kein schlechtes Wetter, nur die falsche Bekleidung.« Eine Einsicht, die auch für Nordic Walking gilt.

Mittlerweile bieten Hersteller entsprechende Nordic-Walking-Linien. Ob sportiv oder doch eher modisch, für jeden Typ ist etwas

dabei. Beim Kauf der Sportbekleidung sind folgende Punkte von herausragender Bedeutung:

- Atmungsaktive, strapazierfähige, pflegeleichte Textilien
- Wind- und wasserdicht

Ziehen Sie sich bei kühleren Temperaturen nach dem Zwiebelprinzip an. Auf der Haut Textilien aus schweißableitenden Kunstfasern, darüber eine weitere dünnere Schicht Kunstfasern und eine atmungsaktive Jacke.

Baumwolle oder Kunstfaser?

Vorbei die Zeiten, als Baumwollhemden nass und schwer am Körper klebten. Baumwollfasern quellen auf und werden undurchlässig – sie sind also Nässespeicher. Mit der richtigen Kleidung kann heute jeder beim Training trocken bleiben, keiner muss mehr frieren. Die Entwicklung von moderner Funktionsbekleidung ist wahrlich ein Fortschritt. Der Tragekomfort ist enorm: Sie ist leicht und angenehm – und schick ist sie auch. Synthetikfasern (PLAY DRY, Drylete, Coolmax) sind luftdurchlässig, saugen Schweiß auf, tragen ihn nach außen, und zudem weisen sie Wind und Regen ab.

Der Körper arbeitet bei einer Betriebstemperatur von 37 °C. Bei Abweichungen von mehr als drei Grad nach oben oder unten drohen Überhitzung oder Unterkühlung – das kann für den Organismus lebensgefährlich werden. Während des Trainings steht der Körper unter Volldampf, und die überschüssige Wärme muss schnell nach außen abgegeben werden, damit der Motor nicht heißläuft – wir schwitzen. Schweiß verdunstet auf der Haut und erzeugt Verdunstungskälte, die den Körper kühlt.

Kunstfasern geben die entstehende Feuchtigkeit viel schneller nach außen ab. Der Wärmeaustausch funktioniert besser, der Körper bleibt nahezu trocken.

Hilfreich: Spezielle Nordic-Walking-Handschuhe schützen vor lästigen Blasen.

Handschuhe

Prinzipiell sind spezielle Handschuhe eine sinnvolle Ergänzung zu den Nordic-Walking-Stöcken. Sie schützen gerade bei längeren Touren und sehr aktivem Einsatz vor Blasen und Druckstellen. Hier sollten Sie dem Material Baumwolle gegenüber Leder unbedingt den Vorzug geben, da die Körperwärme besser zurückgehalten wird. Besonders zu Beginn des Trainings macht sich dies angenehm bemerkbar.

Mütze, Kappe, Stirnband

Der größte Teil der Körperwärme (etwa 40 %) geht über den Kopf verloren. Klar, besonders an kalten Tagen schützt eine Kopfbedekkung in erster Linie die heiklen Ohren.

Und im Sommer ist eine Kappe ein guter Schutz gegen zu intensive Sonne und verhindert – ähnlich wie das gute alte Stirnband –, dass Schweiß in die Augen läuft.

Ein Stirnband schützt vor Schweiß in den Augen, wärmt an kalten Tagen die Stirn und schützt vor Zugluft – an heißen Tagen kühlt es, wenn man es vor dem Walken anfeuchtet.

Die Pulsuhr – eine lohnende Anschaffung

Der persönliche Trainer am Arm: Die drahtlosen Sportuhren mit eingebautem Herzfrequenzmesser messen EKG-genau. Sie sind besonders für Einsteiger sinnvoll, weil sich mit ihrer Hilfe die Belastung und Intensität genau steuern und dosieren – und somit erfolgreicher gestalten – lassen. Jederzeit kann der individuelle körperliche Zustand kontrolliert und ausgewertet werden.

In den letzten Jahren sind Verbreitung, Nutzwert und auch die Finessen von Herzfrequenzmessern – so die korrekte Bezeichnung für die kleinen Helfer am Handgelenk – enorm gestiegen, und das Handling ist deutlich leichter geworden.

Die Anschaffung eines Herzfrequenzmessers zahlt sich immer aus. Das Gerät ist eine Art Lautsprecher für Ihr Herz, ein elektronischer Taktgeber, der kontrolliert, ob Sie sich im optimalen Trainingsbereich bewegen, und erhöht die eigene Sensibilität für richtig dosiertes Training, erleichtert also wirklich effektives Training. Top-

Unerlässlich: Mit Pulsuhr bzw. Herzfrequenzmesser können Sie Ihr Training bestens steuern.

modelle können mit einer speziellen Software Ihre Walkingdaten sogar direkt in den Computer einlesen, auswerten, grafisch darstellen und archivieren. Kosten: ab 60 Euro.

Wenn Sie sich einen Herzfrequenzmesser anschaffen, sollten Sie dabei auf folgende Standards Wert legen: große Ziffern, Beleuchtung, Stoppuhrfunktion und einen codierten Gurt. Nur damit lassen sich störende, nervende Einflüsse durch andere Geräte vermeiden.

Nützliches Equipment

Grundsätzlich kostet das Gesundheitstraining Nordic Walking nicht viel. Wer sein Training noch stärker optimieren möchte, kann allerdings mit folgenden Anschaffungen liebäugeln:

Einlegesohlen

Vor allem für Übergewichtige und Nordic Walker mit Rücken- oder Gelenkproblemen können Einlegesohlen (z. B. von der Firma NOENE) nützlich sein: Sie resorbieren zusätzlich Stöße und können für ein beschwerdefreieres Training sorgen.

Bauchtasche mit Trinkflaschenhalter

Wohin mit Autoschlüssel, Geld, Gummipads oder Trinkflasche? Insbesondere bei längeren Trainingseinheiten ist eine Reißverschlusstasche Gold wert.

Sonnenbrille

Ein sportive Sonnenbrille schützt die Augen nicht nur vor schädlicher Strahlung, sondern ist auch gut gegen Wind, Blütenstaub, Mücken und anderes lästiges Kleingetier.

Wasserträger: Für längere Trainingseinheiten empfiehlt sich eine Trinkflasche bzw. Camel Bag.

Sport-BH

Nur wenn der spezielle Sport-BH richtig sitzt, also nicht scheuert, Bewegungsfreiheit bietet und ausreichend Halt gewährleistet, macht das Laufen Spaß.

Das A und O ist dabei natürlich die richtige Verarbeitung. Druckknöpfe, Reißverschlüsse oder Häkchen stören irgendwann fürchterlich.

Reflektoren

Das Risiko, in der Dunkelheit oder bei sonstigen schlechten Sichtverhältnissen zu laufen, lässt sich durch Leuchtwesten oder Reflektoren an der Kleidung mindern.

Inzwischen sind auch Leuchtwesten mit kleinen Blinklichtern auf dem Markt, die bis zu 500 Meter weit sichtbar sind. Kosten: ca. 35 Euro.

Effektives **Training**

Gehen Sie's an!

Das Schöne ist: Nordic Walking ist nicht so schwer. Die Technik kann jeder leicht erlernen. Trotzdem: Natürlich will Nordic Walking gelernt und sollte das Trainingsprinzip verstanden sein. Um die positiven Aspekte von Nordic Walking wirklich ausschöpfen zu können, ist ein bisschen Basiswissen nützlich.

Das Herz – zuverlässiger Trainingspartner

Das Kernstück unseres Körpers ist die »Pumpe«, also das Herz. Das Herz ist der Schlüssel für Gesundheit und Fitness. Es versorgt den Organismus mit Blut und Sauerstoff und ist eine Art Barometer für den Zustand des gesamten Körpers. Es sammelt Informationen über die Gefühlslage (Bin ich aufgeregt? Freue oder ärgere ich mich gerade?) und die Physis (Wie intensiv strenge ich mich an? Wie stark beanspruche ich meinen Körper?). Diese Daten fließen in ein einziges Signal: den Pulsschlag. Der Pulsschlag ist die Druckwelle, die sich in den Blutgefäßen ausbreitet, nachdem sich das Herz zusammengezogen hat. Die Herzfrequenz ist sehr aussagekräftig. Sie zeigt die Intensität der Belastung an. Überfordere ich mich? Unterfordere ich mich? Mache ich Trainingsfortschritte?

Nur wenn Sie mit Ihrem richtigen Belastungspuls trainieren, stellen sich auch die erwünschten Trainingseffekte ein.

Drei Taktgeber sollten Sie kennen: Ruhe-, Maximal- (maximale Herzfrequenz) und Belastungspuls. Sie geben objektive und aufschlussreiche Informationen.

Den Ruhepuls finden

Den Ruhepuls können Sie am Hals oder am Handgelenk ertasten, mit Zeige- oder Mittelfinger. Messen Sie vor dem Aufstehen. 15 Sekunden die Pulsschläge zählen, mit 4 multiplizieren – das ist

Ihr Ruhepuls. Normal ist ein Wert um 70. Durch regelmäßiges Training verringert sich der Ruhepuls um bis zu 20 Schläge pro Minute – das ist ein Zeichen für ansteigende Form. Dann spart das Herz Tag für Tag rund 30 000 Schläge.

Was heißt Maximalpuls?

Je mehr Sie sich anstrengen, umso mehr Sauerstoff brauchen die Muskeln, damit sie die nötige Energie erzeugen können. Also muss das Herz mehr Blut pumpen – es schlägt schneller. Der Puls steigt.

Der Maximalpuls (maximale Herzfrequenz) ist erreicht, wenn Sie sich bis zum Anschlag anstrengen und fühlen: Jetzt schlägt mir das Herz bis zum Hals. Diese Art der Belastung sollte immer nur kurzfristig sein.

Reebok

Expertentipp

Gesundheit braucht Kontrolle. Die positiven Trainingseffekte von Nordic Walking lassen sich nur durch Messung und Steuerung der Herzfrequenz optimal nutzen. Die Investition in eine Pulsuhr ist eine vernünftige Investition in die Gesundheit.

Die maximale Herzfrequenz

Die Faustformel zur Berechnung des Maximalpulses lautet für Männer: 220 minus Lebensalter. Bei Frauen: 226 minus Lebensalter. Dies ist aber nur ein statistischer Wert.

Gesunde Sportler können ihren individuellen Maximalpuls noch genauer ermitteln, wenn sie am Ende einer vollen Belastung, beispielsweise nach einem Berglauf oder einem harten 1000-Meter-Lauf, ihren Puls messen.

Der optimale Belastungspuls

Der Belastungspuls ist der wichtigste Wert. Wenn Sie effektiv, also mit der richtigen Intensität trainieren wollen, müssen Sie Ihren idealen Trainingspuls kennen.

Der für Sie optimale Belastungspuls ist erreicht, wenn der Puls spürbar erhöht ist, aber nicht rast. Sie sollten sich beim Training noch mit einem Partner unterhalten können.

Der Belastungspuls errechnet sich nach einer Faustregel. Für Männer: 220 minus Lebensalter; für Frauen: 226 minus Lebensalter – das ergibt den Maximalpuls. Von dieser Marke sollten Sie

- mindestens 60 % erreichen, damit das Training positive Wirkungen zeigt,
- höchstens 85 %, damit Sie sich nicht überlasten.
- Über 85 % sollten Sie nur kurzzeitig gehen – zur Leistungsoptimierung.

Die Pulsuhr – nützlicher Kontrollfaktor

Die Anschaffung eines Herzfrequenzmessers (Preis: ab 60 Euro) ist sehr sinnvoll. Nachdem Sie anhand der oben aufgeführten Faustregel Ihre maximale Herzfrequenz und die verschiedenen Zielzonen errechnet haben, können Sie die jeweilige Unter- und Obergrenze manuell eingeben. Die Pulsuhr zeigt an, ob Sie sich in der optimalen Trainingszone bewegen – wenn nicht, piept's.

»Laufen, ohne zu schnaufen« – das ist ein guter Merksatz für das Training mit dem für Sie optimalen Belastungspuls.

Die Trainingszonen

Es macht nicht viel Sinn – und bringt auch nicht viel –, wenn Sie einfach wild drauflostrainieren. Wenn Sie beispielsweise durch Nordic Walking abnehmen, also im Fettstoffwechsel trainieren wollen, müssen Sie das Training den sportwissenschaftlichen Erkenntnissen anpassen.

Das bedeutet: Sie sollten sich in einem Bereich der für Sie optimalen Pulswerte belasten. Eine höhere Intensität, also höheres Tempo, ist völlig sinnlos.

Selbst ambitionierte Sportler und Profis trainieren nur kurze Einheiten in der anaeroben Zone, wo die Energiegewinnung ohne Sauerstoff abläuft. Bei dieser Stoffwechselnutzung wird kurzfristig viel Energie zur Verfügung gestellt; sie kommt also bei intensiven Belastungen zum Tragen.

Trainingszonen auf einen Blick

	Maximale Herzfrequenz	Trainingsdauer in Min.	Empfehlenswert für …
Gesundheitszone	50–60 %	60 Min. und mehr	• Trainingsanfänger • Stabilisierung der Gesundheit • Regeneration
Fettverbrennungszone	60–70 %	45 Min. und mehr	• Gewichtsmanagement • Alterssport • Gesundheitsorientierte Fitness
Aerobe Zone	70–85 %	30 Min. und mehr	• Ambitionierte Freizeitsportler
Anaerobe Zone	85–100 %	5–8 Min.	• Hochleistungssport • Intervalltraining

Bestimmen Sie Ihre Herzfrequenzzonen

Meine maximale Herzfrequenz (100 % max HF)		Schläge/Min.
Meine Ausdauerherzfrequenz (70–85 % max HF)		Schläge/Min.
Meine Fettstoffwechselherzfrequenz (60–70 % max HF)		Schläge/Min.
Meine Gesundheitsherzfrequenz (50–60 % max HF)		Schläge/Min.

Training – wie oft, wie lang?

Es hängt einzig und allein von Ihrem Trainingsziel ab, wie häufig, wie lang und mit welchem Puls Sie trainieren sollten. Einsteiger dürfen zunächst ausschließlich in der so genannten Gesundheitszone trainieren. Wer abnehmen will, sollte auf keinen Fall außerhalb der aeroben Zone trainieren.

Unsere Muskeln haben kein Gedächtnis. Schon nach drei, vier Tagen »vergessen« sie einen Trainingsreiz wieder. Wenn Sie also spürbare Fortschritte erzielen wollen, wäre

- einmal pro Woche Training besser als nichts,
- zweimal pro Woche Training besser,
- dreimal pro Woche Training optimal.

Öfter – und jeweils ca. 45 bis 70 Minuten – sollten Sie als Einsteiger und Gesundheitssportler in den ersten Monaten noch nicht Nordic walken. Die Muskulatur muss in dieser Phase nach jeder Belastung jeweils einen Tag Zeit zur Regeneration bekommen. Später können Sie selbstverständlich auch fünfmal pro Woche trainieren.

Schritt für Schritt in Schwung

Prinzipiell gilt: bloß nichts überstürzen. Belasten Sie Ihren Körper anfangs maßvoll, sonst verlieren Sie schnell die Lust. Wenn die beanspruchte Muskulatur leicht schmerzt – wunderbar. Denn jetzt setzt der Trainingseffekt ein. Betrachten Sie Ihre muskuläre Müdigkeit also als den besten Beweis, dass Sie auf einem guten Weg sind – zu mehr Fitness. Vor allem: Geben Sie Ihrem Körper Zeit, sich zu erholen. Er wird sich schon bald an die ungewohnte Belastung gewöhnen. Wenn Sie dem Körper nach und nach eine höhere Belastung zumuten, schaffen Sie eine gesunde Basis. In diesem Trainingsprozess sind die Erholungsphasen zwischen den Nordic-Walking-Einheiten genauso wichtig und wertvoll wie das Training selbst.

Aktive Fußarbeit: von Anfang an technisch sauber trainieren!

Wie Fortschritte entstehen

Der eigentliche Trainingseffekt, aus dem sich schließlich eine ansteigende Leistungskurve ergibt, entsteht, wenn nach einem vorausgegangenen Trainingsreiz die Folgen der Belastungen nicht nur ausgeglichen, sondern über das ursprüngliche Leistungsniveau hinaus

verbessert (überkompensiert) werden. In der Fachsprache heißt das: Superkompensation. Ein im Vergleich zur vorherigen Beanspruchung höherer (überschwelliger) Trainingsreiz führt zur so genannten Adaption, bewirkt also Veränderungen: Der Körper wird leistungsfähiger.

Superkompensation: Auf einen Reiz folgt nach Erholung eine überschießende Leistungsbereitstellung. Setzt man dann wieder einen Reiz, kommt es zur Leistungsverbesserung. Reize in der Erholungsphase verschlechtern hingegen die Leistungsfähigkeit.

Das Modell der biologischen Adaption (Anpassung) oder Superkompensation ist phänomenal: Der Körper antwortet auf einen Trainingsreiz (im Prinzip bedeutet das: Stress für den Körper) mit einer Erhöhung der Leistungsfähigkeit.

Nach einer Phase der Erschöpfung beginnt gewissermaßen die Reparatur. Die strapazierten Systeme werden verbessert und aufgerüstet. Durch eine regelmäßige Ausdauerbelastung wie Nordic Walking verbessert sich z. B. die aerobe Energiebereitstellung, außerdem vergrößern sich die Glykogendepots (Zuckerspeicher), die Muskelfasern wachsen und vermehren sich. Wenn der nächste Trainingsreiz jeweils in der Phase der Superkompensation gesetzt wird, ergibt sich ein kontinuierlicher Leistungsanstieg.

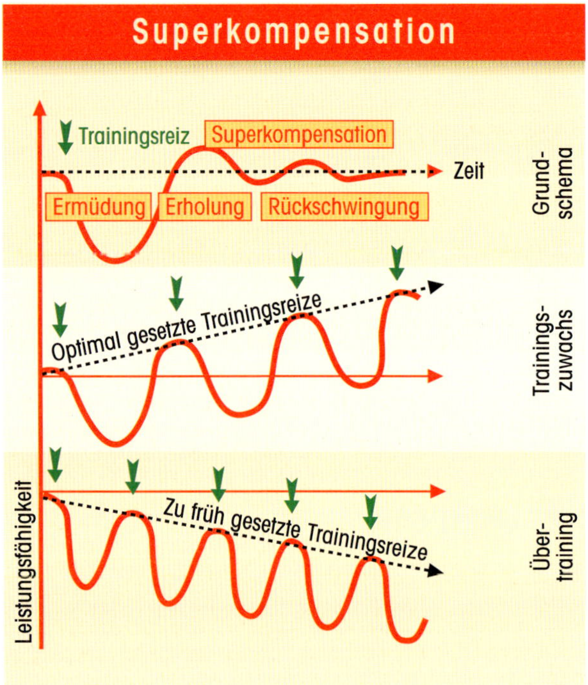

Das Prinzip der steigenden Belastung

Ohne Geduld ist sinnvolles Training nicht möglich. Wer sich zu viel auf einmal vornimmt, wer sein Pensum zu schnell steigert, überfordert sich. Steigern Sie sich stetig, aber in Maßen. Das bedeutet im Klartext: Weder Trainingsdauer noch Trainingsumfang sollten mehr als 10 % des vorigen Trainings betragen.

Drei Regeln für Einsteiger:

- Denken Sie in einem längeren Zeitraum.
- Geben Sie Ihrem Körper unbedingt die notwendige Zeit, um sich anzupassen.
- Belasten Sie anfangs möglichst wenig – auch wenn Ihnen das vielleicht komisch vorkommt.

Die persönliche Zielsetzung

Bessere körperliche Leistungsfähigkeit, Gewichtsreduktion, Trainingsergänzung oder Stressabbau – sicherlich haben Sie genaue Vorstellungen, was Sie durch Nordic Walking erreichen wollen. Der folgende Check soll helfen, einen noch besseren Einstieg zu finden.

Die Istsituation

Meine Motive fürs Nordic Walking

Wie geht es mir?

Bitte bewerten Sie sich in den einzelnen Punkten mit 1 = sehr zufrieden bis 10 = sehr unzufrieden. Um Ihren Trainingsfortschritt zu erleben, sollten Sie diese Fragen noch einmal in sechs Monaten und in einem Jahr beantworten.

	Wie fühle ich mich heute?	Wie fühle ich mich 6 Monate später?	Wie fühle ich mich 1 Jahr später?
Meine Fitness			
Mein Körpergefühl			
Essverhalten/Ernährung			
Zufriedenheit/Wohlfühlen			

Gesundheitsparameter

Bessere Gesundheit, der Wunsch nach Ausgleich, mehr Spaß, Lebensfreude, Leistungsfähigkeit – diese Motive werden besonders häufig genannt auf die Frage: Warum trainieren Sie?

Das Ziel eines Trainings ist die deutliche Steigerung von Lebensqualität. Viele sehen das bereits erreicht, wenn sie wieder Form und Formen gewinnen, also abnehmen. Doch gesunde und dauerhafte Gewichtsreduktion reduziert sich nicht allein auf die Kiloanzeige der Waage. Vielmehr ist es die Kombination von mehreren Parametern, die letztlich den Erfolg aufzeigen und dokumentieren.

Das Auftreten stoffwechselbedingter Begleiterkrankungen wie Bluthochdruck, hohe Blutfettwerte, Diabetes mellitus, Herz-Kreislauf-Erkrankungen, Schlafapnoe und orthopädische Erkrankungen bei Übergewicht ist von der Fettverteilung abhängig.

Körperfettanteil

Ob man fettleibig ist oder nicht, ist nicht nur eine Frage des absoluten Körpergewichts. Seit einigen Jahren definiert man Fettleibigkeit als das Vorhandensein von überschüssigem Körperfett. Ein Zuviel an Fett kann zu gesundheitlichen Beeinträchtigungen, etwa Herz-Kreislauf-Erkrankungen oder Diabetes mellitus, führen.

Bodymass-Index (BMI)

Der BMI-Tabelle

Der BMI-Sollwert:

Frauen	19–24 = Normalgewicht
Männer	20–25 = Normalgewicht

BMI-Abweichungen

Unter 19	Leichtes Untergewicht
25–30	Übergewicht
Über 30	Starkes Übergewicht (Adipositas)

Der Bodymass-Index ist heute medizinischer Standard bei der Beurteilung und Bewertung des Körpergewichts. Der Bodymass-Index zeigt an, ob Ihr Gewicht zu Ihrer Größe passt.

Ihren individuellen Bodymass-Index können Sie ganz leicht mit folgender Formel errechnen:

$$\frac{\textbf{Körpergewicht in Kilogramm}}{\textbf{Körpergröße in Meter zum Quadrat}}$$

Waist-to-Hip-Ratio (W/H)

Ein wichtiger Parameter zur Beurteilung des Fettverteilungsmusters ist die so genannte Waist-to-Hip-Ratio (Wert von Taille zur Hüfte). Sie bestimmen Ihren Wert ganz einfach: Dividieren Sie den Umfang Ihrer Taille durch den der Hüfte.

- Das Ziel bei Frauen: < 0,85
- Das Ziel bei Männern: < 1,0

Gesundheit unter Kontrolle

	Körpergewicht	Körperfettanteil	BMI	Waist to Hip
Ausgangswert				
1. Woche				
2. Woche				
3. Woche				
4. Woche				
5. Woche				
6. Woche				
7. Woche				
8. Woche				
9. Woche				
10. Woche				
11. Woche				
12. Woche				
13. Woche				
14. Woche				
15. Woche				
16. Woche				
17. Woche				

Die Motivation

Verlassen Sie sich nicht darauf, dass andere Sie motivieren. Das ist nicht möglich. Motivieren können Sie sich nur selbst. Selbstmotivation ist unsere positive Energiequelle – die wichtigste, die uns zur Verfügung steht. Sie sprudelt aber nur, wenn Sie sich ein klares Ziel setzen. Und dieses Ziel muss auch erreichbar sein, Schritt für Schritt.

Setzen Sie sich keine unrealistischen Ziele. Sie werden sonst schnell den nötigen Spaß verlieren. Unterteilen Sie Ihr Ziel in Etappen, die überschaubar sind. Diese Strategie der kleinen Schritte ermöglicht Zwischenresultate – und diese bescheren Ihnen kleine, wichtige Erfolgserlebnisse.

Das »Bewegungsgeschenk«: Betrachten Sie Nordic Walking als eine Belohnung für einen arbeitsreichen Tag und als Ausgleich, um Stress abzubauen.

Den »inneren Schweinehund« besiegen

- Legen Sie vor dem Training Ihre Lieblingsmusik auf. Mit powervoller Musik können Sie sich schnell positiv aufladen.
- Hüpfen Sie. Das ist ein erster Schritt, wenn Sie aus der Lethargie in Aktion kommen wollen.
- Führen Sie sich immer wieder Ihr langfristiges Ziel vor Augen: warum es sich lohnt zu trainieren.
- Erinnern Sie sich an positive Gefühle, die Sie schon beim Nordic Walking hatten.
- Planen Sie am Wochenende ein geselliges Training mit anderen – und gönnen Sie sich anschließend beispielsweise ein feines Frühstück.
- Gönnen Sie sich eine Belohnung, wenn Sie etwas gut hinbekommen haben.

Alte Gewohnheiten können wie Fesseln sein. Anfangs fällt es sicher schwer, Nordic Walking in den Alltag einzubauen. Vielleicht müssen Sie sich sogar jedes Mal neu einstimmen. Das kostet viel Kraft. Deswegen: nie lange nachdenken – einfach tun. Rein in die Trainingsklamotten und los! Alte Gewohnheiten lassen sich nur durch neue ändern, und das ist so lange mühselig, bis die neue Aktivität schließlich auch zur Gewohnheit geworden ist. Dieser Prozess dauert rund vier Wochen.

Tipp: Packen Sie eine neue, gewünschte Gewohnheit zeitlich zwischen zwei alte, die bereits automatisiert und angenehm sind.

Gib Ausreden keine Chance!

»Ich habe doch keine Zeit.«
Von wegen. Zeit hat man nicht, Zeit nimmt man sich. Wetten, dass sich immer wenigstens eine halbe Stunde für Nordic Walking finden lässt – wenn Sie nur wollen.

»Ich habe doch schon genug Stress.«
Von wegen Stress. Nordic Walking stresst nicht. Im Gegenteil: Hier können Sie Stress abbauen. Tatsache ist: Als geübter Nordic Walker kommen Sie erfrischt und entspannt von Ihrer Trainingsrunde heim.

»Ich bewege mich doch schon den ganzen Tag.«
Von wegen. Denn Bewegung ist nicht gleich Bewegung. Wenn Sie einen Trainingseffekt erzielen wollen, muss Ihr Puls über einen längeren Zeitraum und über das normale Maß hinaus belastet werden.

»Ich kriege doch immer Muskelkater davon.«
Na und – ist doch prima. Betrachten Sie einen Muskelkater als gutes Zeichen: Der Körper gibt Ihnen ein Feedback, dass er Mühe hat, sich einer ungewohnten Belastung anzupassen. Keine Sorge, Ihre Muskeln werden sich schon an die neue Belastungsform gewöhnen.

»Ich bin doch zu alt für Nordic Walking.«
Von wegen. Selbst mit 70 ist es noch nicht zu spät. Nordic Walking kann wirklich jeder, in jedem Alter.

Das kennen alle, Nicht-Nordic-Walker und Möchtegern-Nordic-Walker – und auch jene, die schon alte Hasen sind: »Ich hab keine Zeit«. »Ich hab doch schon genug Stress«. »Aber ich bewege mich doch schon den ganzen Tag.« Lauter Ausreden, faule Ausreden.

Bleiben Sie flexibel

Nordic Walking ist auch Willenssache und beginnt im Kopf. Daher ist die richtige Einstellung für Einsteiger ganz besonders wichtig.

Klar, eine gewisse Trainingsdisziplin muss natürlich sein. Doch Sie sollten sich nicht verrückt und sich selbst nicht zum Sklaven eines absolut peniblen Trainingsplans machen. Sie müssen nämlich gar nichts. Sie wollen etwas erreichen. Und dabei sollten Sie natürlich auch Spaß haben.

Ändern Sie spontan ruhig einmal das Pensum. Und wenn es gar nicht geht, darf auch mal eine Trainingseinheit ausfallen. Machen Sie in dieser Zeit etwas, worauf Sie gerade mehr Lust haben.

Suchen Sie Abwechslung

Die Trainingsroutine – immer wieder dieselbe Runde – kann auf Dauer mürbe machen. Variieren Sie unbedingt das Training:

- Testen Sie neue Routen, suchen Sie neue Strecken.
- Trainieren Sie zu unterschiedlichen Tageszeiten.
- Lassen Sie sich z. B. unterwegs auch mal irgendwo absetzen, und walken Sie dann heim.

Suchen Sie Mitstreiter

Die meisten trainieren solo. Manchmal freiwillig, oft aber auch unfreiwillig. Ein Trainingspartner kann sehr hilfreich sein. Sie raffen sich leichter auf – schon, um den anderen nicht allein im Park oder sonstwo stehen zu lassen. Weiterer Vorteil: Gemeinsam zu planen, macht alles leichter – etwa die Ernährungsumstellung (Einkäufe). Warum schließen Sie sich z. B. nicht einem Nordic-Walking-Treff an – wenigstens einmal pro Woche? Hier bieten sich auch gute Gelegenheiten, um Erfahrungen auszutauschen.

Sprechen Sie mit Kollegen, Nachbarn. Geben Sie ein Inserat (»Trainingspartner gesucht ...«) auf. Sie glauben gar nicht, wie viele Menschen solche Kontakte suchen.

Die richtige Nordic-Walking-Technik

Nordic Walking ist auf den ersten Blick mit Skilanglauf vergleichbar. Entscheidend für die richtige Technik ist der korrekte Einsatz der Nordic-Walking-Stöcke.

Die Stockspitze zeigt immer nach schräg hinten. Der rechte Stock wird aufgesetzt, wenn die linke Ferse den Boden berührt, und der linke Stock dann, wenn die rechte Ferse den Boden berührt. Je länger jeder Stock Bodenkontakt hat, desto effektiver ist das Training. Der Bewegungsablauf – wenn er richtig ausgeführt wird – wirkt dynamisch und harmonisch.

Reebok

Expertentipp

Muskelkater ist nicht schlimm. Er zeigt auch, dass der neue Trainingsreiz anschlägt. In der Behandlung haben sich Eisabreibungen, Kneippanwendungen, Wechselbäder sowie leichtes Bewegungstraining bewährt. Sorgen Sie auch für eine ausreichende Flüssigkeitszufuhr. Nach mehrmaligem Training tritt Muskelkater leichter oder gar nicht mehr auf.

Der Grundschritt

Im Standbild sieht die Grundtechnik so aus: Sie stehen betont aufrecht, linkes Bein vorne, die Stöcke werden nah am Körper gehalten. Der rechte Arm ist ganz leicht gebeugt nach vorne gestreckt, die Faust ist in Bauchnabelhöhe. Der linke Arm ist ganz nach hinten gestreckt, die geöffnete Hand ist auf derselben Höhe wie die rechte Faust. Durch die raumgreifende Armbewegung ergibt sich eine angepasste Schrittlänge. D. h.: Der Abstand zwischen der linken Fußspitze und der rechten Ferse entspricht der Stocklänge. Der vordere Stock setzt unter dem Körperschwerpunkt auf, der hintere Stock setzt weit hinter dem Körper auf. Somit stehen beide Stöcke in einem Winkel von 60 Grad.

In dieser Position stehen Sie auf der linken Ferse und auf dem rechten Vorfuß. Beim Loslaufen werden das rechte Bein und der linke Arm gegengleich nach vorne geführt, wobei jetzt physiologische Bewegungsmuster genutzt werden – Sie schwingen ganz natürlich diagonal mit den Armen.

Der Grundschritt lässt sich in vier Phasen unterteilen.

- *Tasten:* Aufsetzen der Ferse und des gegengleichen Stocks
- *Belasten:* Einsatz der jetzt aktiven Muskulatur

- *Aufrichten:* Oberkörper in betont aufrechter Position halten
- *Abdrücken:* Unterstützung der Vorwärtsbewegung durch bewussten Fuß- und Armeinsatz

Im Zeitlupentempo lässt sich dieser Bewegungsablauf bewusst ausführen. Weiterer Vorteil: Das neue Bewegungsmuster wird auf diese Weise im Unterbewusstsein programmiert.

Die Teilnahme an einem Nordic-Walking-Grundkurs ist nicht notwendige Voraussetzung – sie ist aber sehr nützlich. Denn von Anfang an werden Haltungsfehler und falsche Techniken vermieden. Je besser Sie die Technik beherrschen, umso mehr Spaß macht das Training – und umso effektiver ist es.

Ein ganz natürlicher Bewegungsablauf

Die Stöcke werden mit festem Faustschluss aufgesetzt. Beim Zurückschwingen des Arms öffnet sich die Faust ab Hüfthöhe. Durch dieses Öffnen und Schließen der Fäuste wird eine Verspannung und Ermüdung der Armmuskulatur vermieden. Je nach Trainingsintension wird der Stockeinsatz mit mehr oder weniger Muskeleinsatz ausgeführt. Zugleich wird Druck über den Arm und über Teile des Brustsowie des großen Rückenmuskels (Latissimus) auf den Stock in Richtung Boden ausgeübt. Der Faustschluss bleibt bei der Abwärtsbewegung des Arms bis auf Höhe des Beckens bestehen, danach öffnet sich die Hand wie ein Fächer, beginnend mit dem kleinen Finger, und der Druck wird zwischen dem Daumen- und Zeigefingergrundgelenk über die Stockschlaufen in Richtung Boden übertragen, bis eine Armstreckung hinter dem Rumpf erreicht ist. Danach schwingt der Arm mit geöffneter Hand wieder nach vorne, wo dann mit erneutem Faustschluss die Muskulatur von neuem aktiviert wird.

Wie gesagt: Die Schrittlänge ist den raumgreifenden Armbewegungen angepasst – was anfangs ungewohnt erscheint. Die Schulter- und die Beckenachse rotieren diesem Schritt entsprechend gegeneinander – ein ganz natürliches Zusammenspiel.

Auch die aktive Fußarbeit ist wichtig. Nach dem Aufsetzen der Ferse wird der Fuß über die Außenkante (leichte Supinationsstellung) auf den Boden gesetzt. Die Abrollbewegung nach vorne wird über das Großzehengrundgelenk (»großer Onkel«) ausgeführt.

Die Grundtechnik – darauf kommt es an

Versuchen Sie von Anfang an, eine spielerische Leichtigkeit zu gewinnen. Das natürliche Bewegungsmuster beim Nordic Walking ist harmonisch, fühlt sich gut an und macht vom ersten Schritt an viel Spaß.

Rotation
Die Schulterachse rotiert dem natürlichen Bewegungsmuster folgend gegengleich zur Beckenachse

Armbewegung
Raumgreifend mit fast gestreckten (langen) Armen

Aufrechter Oberkörper
Brustbein und Bauchnabel anheben

Offene Hand
Die hintere Hand öffnet sich mit dem Armschwung nach hinten

Faust
Die vordere Hand ist beim Aufsetzen des Stocks geschlossen

Stockposition
Die vordere Stockspitze unter dem Körperschwerpunkt, die hintere im Abstand einer Stocklänge hinter dem Körper

Aktive Fußarbeit
Flaches Aufsetzen der Ferse, Abrollen über die Außenkante bis zum Großzehengrundgelenk

Nordic Walking – leichter anfangen in vier Schritten

Bevor Sie den Nordic-Walking-Grundschritt üben, lernen Sie in vier simplen Schritten den richtigen Bewegungsablauf.

◀ Der erste Schritt

Nehmen Sie Ihre Stöcke zur Hand, und schlüpfen Sie in die Schlaufen. Jetzt die Arme hängen lassen und mit geöffneten Händen losgehen. Die Arme schwingen ganz natürlich mit jedem Schritt hin und her. Sie schleifen die Stöcke hinter sich her.

▶ Der zweite Schritt

Jetzt gehen Sie ebenso locker und entspannt, machen aber bewusst raumgreifende Armbewegungen. Sie werden sehen: Die Schrittlänge passt sich automatisch an.
Sie spüren jetzt einen leichten Widerstand von den schleifenden Stockspitzen.

▸ Der dritte Schritt

Beim Gehen spüren Sie jetzt dem leichten Widerstand der Stockspitzen nach und üben über die Oberarmmuskulatur (Trizeps) bewusst Druck aus. Die Hände sind immer noch geöffnet.

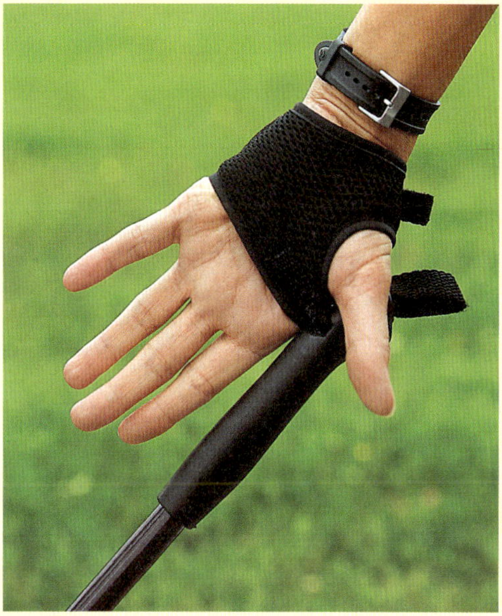

▾ Der vierte Schritt

Sie gehen jetzt mit angepassten Schritten, greifen erstmals die Stöcke und setzen diese bewusst ein.

Zeitlupentempo

Keine schlechte Idee, wenn Sie die ersten Schritte zunächst ruhig in Zeitlupentempo absolvieren, um Klarheit über die Reihenfolge des Bewegungsablaufs zu gewinnen.

Typische Fehler – und wie es richtig ist

Der Fehler	Die Auswirkung	Die Korrektur
Passgang (Arm und Bein einer Körperseite werden gleichzeitig nach vorne geführt)	Dieser Anfängerfehler führt zu einer unphysiologischen, unharmonischen Bewegung.	Lassen Sie die Arme mit geöffneten Händen beim Gehen mitpendeln (siehe Seite 60f., Schritt 1 bis 4).
Kleine Schritte	Der Armeinsatz ist unzureichend, die Bewegungsamplitude ist zu gering, fehlende Dynamik.	Üben Sie bewusst den Kontrast: abwechselnd kurze und lang gezogene Schritte mit kräftigem Fußabdruck.
Oberkörper nach vorne geneigt	Kein harmonisches Gangbild	Oberkörper bewusst aufrichten
Hände halten die Griffe verkrampft	Die Muskulatur kann nicht entspannen. Das führt zu Verspannungen in Unterarmen, Ellbogen und Handgelenk.	Öffnen Sie die Hände jeweils beim Armschwung nach hinten.
Stockeinsatz vor dem Körper	Sie laufen gegen den »Widerstand« der Stöcke, kein Vortrieb über den Stockeinsatz.	Setzen Sie die Stockspitzen unter dem Körperschwerpunkt in der Mitte zwischen Fußspitze und Ferse auf, Stockspitzen zeigen schräg nach hinten.
Armarbeit nur aus dem Ellbogengelenk	Uneffektiver Stockeinsatz, Kraftentfaltung überwiegend nach unten	Lösen Sie die Oberarme vom Oberkörper, schwingen Sie raumgreifend nach vorne und hinten.
Fehlender Schub hinter der Hüfte	Sie entwickeln wenig Vortrieb. Dadurch ist verstärkte Beinarbeit nötig.	Schieben Sie sich bewusst über den Stockeinsatz nach vorne. Der Druck ist spürbar im Trizeps.

Richtig atmen

Sie sollten bewusst auf tiefes, vollständiges Ausatmen achten. Durch intensives Ausatmen vergrößern Sie die Vitalkapazität Ihrer Lunge, also die maximal nutzbare Luftmenge. Je kräftiger Sie ausatmen, umso tiefer werden Sie auch wieder einatmen.

Durch zu flaches Atmen (Brustatmung) verhindern Sie einen vollständigen Luftaustausch in Ihrer Lunge. Optimal versorgt wird Ihr Organismus nur durch die Bauchatmung (Zwerchfellatmung).

Bewusste Bauchatmung – eine einfache Übung für zu Hause: Legen Sie sich flach auf den Rücken. Legen Sie ein Buch auf den Bauch. Nun versuchen Sie, das Buch beim Einatmen zu heben, beim Ausatmen zu senken. Es ist gar nicht schwer, diese Erfahrung beim Nordic Walking umzusetzen.

Der optimale Trainingsaufbau

Wenn Sie das ganze Potenzial von Nordic Walking ausnutzen wollen, sollten Sie jede Trainingseinheit wie folgt aufbauen:

1. **Warm-up: Mobilisation/Aufwärmen** Aufgewärmte, also stärker durchblutete Muskulatur ist dehnbarer und geschmeidiger, Sehnen und Bänder werden elastischer. Der Kreislauf kommt in Schwung, die Gelenke werden stärker geschmiert, die Koordinationsfähigkeit wird verbessert. Die Pause zwischen Aufwärmen und Belastung sollte übrigens nicht länger als fünf Minuten dauern – sonst geht der positive Effekt verloren.
2. **Herz-Kreislauf-Training** Nutzen Sie einen Herzfrequenzmesser. Trainieren Sie in Ihrer individuellen Trainingszone (siehe Seite 47f.). Das Trainingstempo sollte angenehm anstrengend sein. Der Zeiteinsatz richtet sich nach Ihrer körperlichen Leistungsfähigkeit. Anfangs reichen etwa 30 Minuten, bereits nach acht Wochen regelmäßigem Training können das 60 oder mehr Minuten sein.
3. **Kräftigungsübungen mit Stöcken** Hierbei können Sie Ihre Stöcke wie eine Kraftmaschine einsetzen.
4. **Stretching mit Stöcken** Ganz zum Schluss wird die beanspruchte Muskulatur gedehnt. Dadurch können Sie die Regenerationszeit Ihres Körpers deutlich verkürzen.

Aufwärmübungen

Um den Kreislauf auf die anstehende Belastung vorzubereiten, beginnen Sie beispielsweise mit folgenden Mobilitätsübungen, die etwa fünf Minuten beanspruchen sollten. Erst nach diesen Übungen gehen Sie langsam los.

Armschwingen im Stand

Stabiler Stand. Die Stöcke jeweils in der Mitte fassen und nun die Arme gestreckt vor- und zurückschwingen.

Schulterheben

Stabiler Stand. Stöcke einfach waagerecht halten und nun die Schultern abwechselnd heben – für jeweils 30 Sekunden.

Auf der Stelle marschieren

Knie anziehen. Die Arme schwingen für 30 Sekunden im Diagonalschwung (gegengleich) mit.

Beinschwingen

Stöcke zum Stabilisieren aufsetzen. Nun mit einem Bein 30 Sekunden lang locker vor- und zurückschwingen.

Eine Acht schreiben

Stöcke zum Stabilisieren aufsetzen. Jetzt mit einem Bein eine möglichst große Acht nachzeichnen. Dies mit jedem Bein 30 Sekunden lang durchführen.

Fuß anheben und strecken

Einbeinstand. Jetzt den Fuß anheben und strecken; jeden Fuß 20-mal. Stärkt den vorderen Schienbeinmuskel.

Fußkreisen

Einbeinstand. Jetzt mit dem Fuß kleine Kreise beschreiben; mit jedem Fuß 20-mal. Mobilisiert die Sprunggelenke.

Kräftigungsübungen mit Stöcken

Wenn Sie Anfänger sind, sollten Sie alle Übungen 15-mal machen – direkt hintereinander, ohne Pause. Wenn Sie Fortgeschrittener sind, können Sie sich durchaus 20 Wiederholungen zumuten. Machen Sie insgesamt etwa 2 bis 3 Durchgänge. Legen Sie nach jedem Durchgang eine kurze Lockerungspause (etwa 1 Minute) ein.

Brust

Stabiler Stand. Knie leicht gebeugt, Po und Bauch angespannt. Oberkörper aufrecht. Die Stöcke waagerecht außen greifen, vor der Brust halten und dann von der Brust wegdrücken. Die Unterarme parallel zum Stock.

Rücken

Kleiner Ausfallschritt. Die Stöcke weit greifen, wieder waagerecht über dem Bauchnabel halten und jetzt die Stöcke zur Brust ziehen.

Schulter

Stabiler Stand. Die Stöcke breit über dem Kopf greifen und in den Nacken ziehen. Dabei die Hände kontinuierlich auseinander ziehen. Ohne dem Zug nachzugeben, wieder in die Ausgangsposition zurück.

Bizeps

Stabiler Stand. Ellbogen liegen am Körper an, Hände greifen die Stöcke schulterbreit. Stöcke langsam bis zur Brust führen, also Spannung aufbauen, und dann langsam wieder senken. Ellbogen immer am Körper lassen.

Trizeps

Stabiler Stand. Stöcke eng greifen. Nach unten ziehen, also Spannung aufbauen. Stöcke nach unten führen – und wieder hoch.

Gesäß

Stöcke hüftbreit vor dem Körper einstecken. Ein Bein wird angewinkelt und nach hinten geführt – bis in die gestreckte Position. Dann wieder anziehen. Die Zehenspitzen bleiben dabei angezogen.

Quadrizeps

Stöcke hinter dem Körperschwerpunkt einstecken. Mit dem Gesäß tief runter – und wieder hoch. Je tiefer Sie das Gesäß bringen, umso schwerer wird diese Übung.

Wade

Stöcke hinter dem Körperschwerpunkt einstecken. Auf Zehenspitzen hochziehen, dabei den Oberkörper möglichst aufrecht halten.

Kräftigungsübungen mit Stöcken und Partner

Wenn Sie Anfänger sind, sollten Sie alle Übungen 15-mal machen – direkt hintereinander, ohne Pause. Wenn Sie Fortgeschrittener sind, können Sie sich durchaus 20 Wiederholungen zumuten. Machen Sie insgesamt etwa 2 bis 3 Durchgänge. Legen Sie nach jedem Durchgang eine kurze Lockerungspause (etwa 1 Minute) ein.

Brustpresse

Die Partner stehen sich in Schrittstellung gegenüber, greifen die Stöcke breit. Einer drückt die Stöcke zur Brust des anderen – der wiederum bremst ihn dabei. Und dann umgekehrt. Zur Kräftigung der Brustmuskulatur.

Rudern

Die Partner stehen sich aufrecht gegenüber. Einer zieht die Stöcke gegen den Widerstand des anderen zur Brust. Zur Kräftigung der Rückenmuskulatur.

Sägen

Die Partner stehen sich in Schrittstellung gegenüber. Die Arme sind gestreckt nach unten. Stöcke auseinander ziehen, Spannung aufbauen. Mit kontrollierten Pendelbewegungen unter Druck den muskulären Reiz ausüben. Stärkt den gesamten Rücken.

Druck & Gegendruck

Die Partner stehen sich gegenüber. Einer hält die Stöcke von unten. Der andere drückt von oben. Die Arme sollten einen Winkel von 45 Grad haben. 20 Sekunden lang halten, dann wechseln. Stärkt die Bauchmuskulatur.

Kniebeugen

Die Partner stehen sich eng gegenüber und fassen die Stöcke. Nun gehen sie gemeinsam in die Hocke. 10 bis 20 Wiederholungen. Stärkt die Oberschenkelmuskulatur.

Kombiübung

Ein Partner kniet vor dem anderen, greift die Stöcke breit über dem Kopf und zieht sie in den Nacken. Der andere bremst diese Bewegung. Stärkt beim Knienden den Bizeps und Latissimus, beim Stehenden obere Brust- und Rückenmuskulatur.

Kniepressen (außen)

Die Partner stehen sich eng gegenüber. Die Stöcke stabilisieren. Jetzt die Beine anwinkeln und mit den Oberschenkelaußenseiten auseinander drücken. Spannung für 30 Sekunden halten. Stärkt die Abduktoren.

Kniepressen (innen)

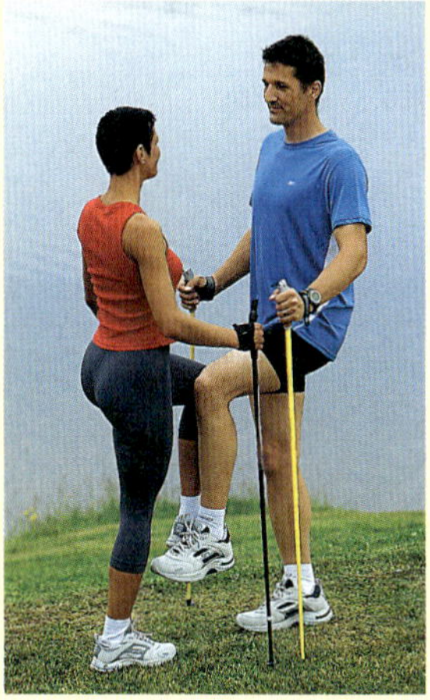

Die Partner stehen sich eng gegenüber. Die Stöcke stabilisieren. Jetzt Spannung aufbauen: jeweils das rechte Knie anwinkeln. Die Innenseiten der Knie drücken gegeneinander. Für 30 Sekunden halten. Stärkt die Adduktoren.

Stretching mit Stöcken

Beim Stretching kommt es auf entspanntes, kontinuierliches Dehnen an. Halten Sie Ihren Rücken gerade. Schenken Sie alle Aufmerksamkeit dem Muskel, den Sie gerade dehnen. Dehnen Sie nur so weit, bis Sie ein deutliches Ziehen spüren, aber keinen Schmerz. Wippen Sie nicht, federn Sie nicht nach. Atmen Sie langsam und gleichmäßig. Wenn Sie sich vorbeugen, um sich zu dehnen, atmen Sie während der Vorwärtsbewegung aus. Während der Stretchpause langsam weiteratmen.
Der Zeitaufwand fürs Stretching beträgt 5 bis 10 Minuten.

Brust

Stabiler Stand. Die Stöcke über dem Kopf greifen. Jetzt die Arme langsam nach hinten ziehen – und halten.

Rundrücken

Stabiler Stand. Die Stöcke waagerecht halten, nach vorne schieben. Kopf zwischen die Oberarme, einen Katzenbuckel machen.

Bizeps

Stabiler Stand. Der Oberkörper ist angewinkelt. Die Stöcke waagerecht halten. Die Arme sind gestreckt. Jetzt die Handgelenke überstrecken.

Trizeps

Die rechte Hand greift die Stöcke unter dem Griff. Die linke Hand zieht die Stöcke nach unten – und hält.

Hüftbeuger

Schrittstellung. Stöcke neben dem Körper aufsetzen. Das Gewicht auf das vordere Bein, das Becken nach unten drücken. Variante: Den Oberkörper über das Standbein nach außen drehen – das gibt noch eine stärkere Spannung.

Wade

Kleine Schrittstellung. Stöcke neben dem Körper aufsetzen. Ein Bein gestreckt vor den Körper stellen, Fuß anheben. Jetzt das Gesäß nach hinten schieben, den Oberkörper leicht nach vorne – das bringt maximale Spannung.

Pläne für die ersten 4 Wochen

Reebok

Expertentipp

Gehen Sie gerade in den ersten Wochen wirklich planmäßig vor. Das erleichtert den Einstieg und hilft, dass Ihr Training zu einer geschätzten Gewohnheit wird.

1. Woche

Mo	5 Min. Warm-up • 35 Min. Nordic Walking 5 Min. Kräftigung • 5 Min. Stretching	**50 Min.**
Di	—	—
Mi	5 Min. Warm-up • 35 Min. Nordic Walking 5 Min. Kräftigung • 5 Min. Stretching	**50 Min.**
Do	—	—
Fr	—	—
Sa	5 Min. Warm-up • 35 Min. Nordic Walking 5 Min. Kräftigung • 5 Min. Stretching	**50 Min.**
So	Sauna	—

2. Woche

Mo	5 Min. Warm-up • 35 Min. Nordic Walking 5 Min. Kräftigung • 5 Min. Stretching	**50 Min.**
Di	—	—
Mi	5 Min. Warm-up • 35 Min. Nordic Walking 5 Min. Kräftigung • 5 Min. Stretching	**50 Min.**
Do	—	—
Fr	—	—
Sa	5 Min. Warm-up • 35 Min. Nordic Walking 5 Min. Kräftigung • 5 Min. Stretching	**50 Min.**
So	Spaziergang	—

Pläne für die ersten 4 Wochen

3. Woche		
Mo	5 Min. Warm-up • 45 Min. Nordic Walking 5 Min. Kräftigung • 5 Min. Stretching	60 Min.
Di	—	—
Mi	5 Min. Warm-up • 45 Min. Nordic Walking 5 Min. Kräftigung • 5 Min. Stretching	60 Min.
Do	—	—
Fr	—	—
Sa	5 Min. Warm-up • 45 Min. Nordic Walking 5 Min. Kräftigung • 5 Min. Stretching	60 Min.
So	Sauna	—

4. Woche		
Mo	5 Min. Warm-up • 50 Min. Nordic Walking 10 Min. Kräftigung • 5 Min. Stretching	70 Min.
Di	—	—
Mi	5 Min. Warm-up • 50 Min. Nordic Walking 10 Min. Kräftigung • 5 Min. Stretching	70 Min.
Do	—	—
Fr	—	—
Sa	5 Min. Warm-up • 50 Min. Nordic Walking 10 Min. Kräftigung • 5 Min. Stretching	70 Min.
So	Sauna	—

Vorsicht, Übertraining! Geben Sie Ihrem Körper zwischen den Trainingseinheiten unbedingt genug Zeit zur Erholung.

Technik im Gelände

Der Reiz von Nordic Walking besteht auch in der Abwechslung und neuen Herausforderungen. Wie schön, dass Sie nicht nur auf flachen Wegen, Sand- oder Schotterstraßen, also in ebenem Gelände unterwegs sein müssen. Wie wunderbar, wenn Sie über wellige Wiesen schnüren oder auf griffigem Waldboden trainieren – wo es Ihnen gefällt. Klar, dann müssen Sie Ihre Technik auch der Beschaffenheit des Geländes anpassen.

Bergab

Allradantrieb: Mit der richtigen Technik macht Nordic Walking bergab und bergauf jede Menge Spaß.

Jetzt werden die Muskeln und Gelenke stark belastet. Gehen Sie bergab mit dem Becken etwas tiefer, machen Sie etwas kleinere Schritte, und stützen Sie sich auf die Stöcke. Achten Sie auf eine aktive Beinarbeit.

Wenn es sehr steil wird, halten Sie die Oberarme an den Oberkörper angepresst und führen die diagonale Bewegung aus den Ellbogengelenken aus. Hierbei werden die Schritte kleiner und die Füße bewusst und sicher aufgesetzt. Selbst ein kleiner Ausrutscher wäre bei dieser Technik kein Problem.

In hügeligem Gelände wird das Nervensystem zusätzlich stimuliert, noch mehr Muskeln zu aktivieren – auch, um das Gleichgewicht zu halten. Da müssen Bänder, Sehnen und Muskeln koordiniert werden und harmonisch zusammenwirken. Der Kalorienverbrauch steigt. Der Trainingsreiz wird größer.

Bergauf

Für das Walken bergauf stehen verschiedene Möglichkeiten zur Auswahl, die je nach Steigungsgrad und -länge eingesetzt werden können: die Grundtechnik, die Doppelstocktechnik und eine Kombination aus beidem.

Die Schubbewegung erfolgt durch einen vermehrten Einsatz der Trizepsmuskulatur. Bernd Schäufle sagt: »Am Berg fühle ich mich immer wie ein aufrecht gehender Vierfüßler.«

Training für Fortgeschrittene

Nach den ersten vier Wochen werden Sie schon erstaunliche Trainingsfortschritte feststellen. Sie werden sich selbst bereits bestimmt schon im Status »Fortgeschritten« ansehen. Zu Recht.

Mit den folgenden Nordic-Walking-Varianten (Jogging mit Stöcken, Doppelstockeinsatz, Hopserlauf) können Sie jetzt Ihr Training noch abwechslungsreicher gestalten.

Jogging mit Stöcken

Das Grundbewegungsmuster der Nordic-Walking-Technik können Sie beibehalten. Wenn Sie jetzt einfach ins Joggingtempo wechseln, verlängert sich die Flugphase, und Ihre Schritte werden gewissermaßen zu Schrittsprüngen.

Diese Walkingvariante ist auch für geübte Ausdauersportler sehr anstrengend.

Besonderer Trainingseffekt: Jogging mit Stöcken.

Doppelstocktechnik: starker Vortrieb.

Hopserlauf: dynamische Variante, die viel Kraft kostet.

Doppelstock

Auch hier spielen Sie mit dem Grundbewegungsmuster der Nordic-Walking-Technik. Über den gleichzeitigen Einsatz der Stöcke erhöhen Sie den Krafteinsatz, müssen aber nicht automatisch schneller laufen. Bewährt hat sich die so genannte 3:1-Technik. Sie gehen also bei jedem Stockeinsatz drei Schritte.

Tipp: Zählen Sie einfach mit: links-zwei-drei, rechts-zwei-drei. An Steigungen können Sie auch in die 2:1-Technik wechseln. Sie gehen also bei jedem Stockeinsatz zwei Schritte (links-zwei, links-zwei, links-zwei). Um einseitige Belastungen zu vermeiden, sollten Sie jede Minute die Seite wechseln (rechts-zwei, rechts-zwei, rechts-zwei)

Hopserlauf

Als Kinder kannten und liebten die meisten diesen Bewegungsablauf. Beim Hopserlauf landen Sie nach dem Sprung auf dem Absprungbein, bevor das Bein der Gegenseite zum Absprung ansetzt.

Achten Sie auf einen dynamischen Schwungeinsatz, und drücken Sie sich kräftig mit den Stöcken ab.

Interview mit Christoph Hoopmann

Christoph Hoopmann, 46, ist Geschäftsführer der Westerwald Touristik Service in Montabaur.

Der Westerwald setzt jetzt voll auf die Karte Nordic Walking. Warum?
Weil wir davon überzeugt sind, dass Nordic Walking eine großartige Sache ist, und weil diese Bewegung wunderbar in unser herrliches Mittelgebirge passt. Das, was jetzt ein Trend ist, wird sich langfristig durchsetzen.

Was spricht für den Westerwald?
Unsere intakte Natur, unser Wanderparadies, die bodenständige Art der Westerwälder, unser etwas raues Heilklima ...

... aber in Ihren Höhen pfeift doch der Wind – pffft – so kalt ...
... der ist hier nicht kälter als im Hunsrück oder in der Eifel. Leider macht uns das alte Oh-du-schöner-Westerwald-Lied, das einst im Arbeitslager Lahnstein geschrieben wurde, imagemäßig noch heute zu schaffen.

Und da soll Nordic Walking helfen?
Ja, künftig sollen Nordic Walking und Westerwald in einem Atemzug genannt werden. In unserem Einzugsbereich Rhein-Main und Rhein-Ruhr wohnen über zehn Millionen Menschen. Wir setzen auf das Publikum der 40-, 50-, 60-Jährigen. Wir bauen hier ein flächendeckendes Netz mit ca. 400 Kilometer ausgeschilderten Wegen und mehreren Nordic-Fitness-Parks.

Welche Investitionen sind dafür nötig?
50 000 bis 80 000 Euro für die Infrastruktur, also für Strecken, die klassifiziert, beschildert und gepflegt werden müssen. Und dann kostet es ja auch noch, unser Angebot publik zu machen.

Ziehen die Gemeinden mit?
Die meisten tun es, weil sie merken, dass durch Nordic Walking neue Gäste erschlossen werden können. Die Nachfrage läuft schon ganz erfreulich. Manche Entscheidungsträger zweifeln allerdings noch, wohl eher aus Unkenntnis. Wer sich aber mit Nordic Walking beschäftigt, weiß, dass dies die beste und preiswerteste Bewegungsform ist, die es gibt – diesem sanften Sport prophezeie ich eine große touristische Zukunft.

Woher kommt Ihr Optimismus?
Ich habe am eigenen Leib erfahren, wie viel Gutes Nordic Walking bewirkt. Ich war mal ein totaler Bewegungsverweigerer – und, naja, fett. Durch Nordic Walking habe ich den Einstieg in einen neuen Lebenswandel gefunden. Als Basic Instructor gebe ich jetzt sogar Kurse, bin meine Rückenprobleme und auch schon etliche Kilos los.

Pläne für Woche 5 bis 8

Vergessen Sie nicht: Ihr Körper ist Ihr Kapital. Der Kopf erwartet oft schneller Erfolge, als sie der Bewegungsapparat liefern kann. Haben Sie Geduld!

5. Woche		
Mo	5 Min. Warm-up • 70 Min. Nordic Walking 10 Min. Kräftigung • 5 Min. Stretching	**90 Min.**
Di	—	—
Mi	5 Min. Warm-up • 70 Min. Nordic Walking 10 Min. Kräftigung • 5 Min. Stretching	**90 Min.**
Do	—	—
Fr	—	—
Sa	5 Min. Warm-up • 70 Min. Nordic Walking 10 Min. Kräftigung • 5 Min. Stretching	**90 Min.**
So	Sauna	—

6. Woche		
Mo	5 Min. Warm-up • 60 Min. Nordic Walking 20 Min. Kräftigung • 5 Min. Stretching	**90 Min.**
Di	—	—
Mi	5 Min. Warm-up • 60 Min. Nordic Walking 20 Min. Kräftigung • 5 Min. Stretching	**90 Min.**
Do	—	—
Fr	—	—
Sa	5 Min. Warm-up • 60 Min. Nordic Walking 20 Min. Kräftigung • 5 Min. Stretching	**90 Min.**
So	Spaziergang	—

Pläne für Woche 5 bis 8

7. Woche		
Mo	5 Min. Warm-up • 60 Min. Nordic Walking 20 Min. Kräftigung • 5 Min. Stretching	**90 Min.**
Di	—	—
Mi	5 Min. Warm-up • 60 Min. Nordic Walking 20 Min. Kräftigung • 5 Min. Stretching	**90 Min.**
Do	—	—
Fr	5 Min. Warm-up • 60 Min. Nordic Walking 20 Min. Kräftigung • 5 Min. Stretching	**90 Min.**
Sa	—	—
So	Sauna	—

8. Woche		
Mo	5 Min. Warm-up • 70 Min. Nordic Walking 20 Min. Kräftigung • 5 Min. Stretching	**100 Min.**
Di	—	—
Mi	5 Min. Warm-up • 70 Min. Nordic Walking 20 Min. Kräftigung • 5 Min. Stretching	**100 Min.**
Do	—	—
Fr	—	—
Sa	5 Min. Warm-up • 70 Min. Nordic Walking 20 Min. Kräftigung • 5 Min. Stretching	**100 Min.**
So	Sauna	—

Reebok

Expertentipp

Führen Sie ein Walking-Tagebuch, in das Sie Ihr persönliches Pensum eintragen. Das erleichtert das systematische Umsetzen Ihres Trainings und dokumentiert außerdem Ihre Fortschritte.

Die richtige **Ernährung**

Risiko Übergewicht

Verglichen mit den Generationen vor uns sind wir wohlhabend – wir leben, wie es sich früher nur die Fürsten leisten konnten.

Dieses Leben im Schlaraffenland hat gewichtige Folgen: Übergewicht. Davon ist hierzulande mittlerweile jeder Zweite betroffen, jeder Fünfte leidet an krankhafter Fettleibigkeit. Und jedes Jahr wächst diese Gruppe, obwohl inzwischen allgemein bekannt ist, dass Übergewicht und Fettleibigkeit der Gesundheit massiv schaden: Erkrankungen wie Herzinfarkt, Schlaganfall, Diabetes mellitus und Arthrose können die Folgen sein. Auch das Krebsrisiko steigt, wie neuere Untersuchungen bestätigen.

Laut Statistischem Bundesamt sind Verheiratete und verwitwete Männer zu zwei Dritteln übergewichtig, ledige Männer zu 38 %. Verwitwete Frauen weisen zu 54 % Übergewicht auf, verheiratete zu 44 %. Bei ledigen Frauen sind 23 % übergewichtig; 8 % haben Untergewicht. Und wer sich die Gewichtsentwicklung deutscher Kinder der letzten Jahre ansieht, sieht Katastrophen kommen.

Warum Diäten Unsinn sind

Diäten sind verführerisch. Rasch sinkt das Gewicht. Doch da geht kein Fett, sondern vor allem in den Kohlenhydraten gebundenes Wasser verloren: In jedem Gramm der so genannten Glykogenreserven in Leber und Muskeln werden ca. 2,7 Gramm Wasser gespeichert. Wenn wir also eine Diät machen, werden erst mal diese Depots geleert – der Körper verliert vor allem Wasser. Das macht in den beiden ersten Wochen einer strengen Diät über die Hälfte des verlorenen Gewichts aus.

Die fatale Nebenwirkung: Mit der körpereigenen Flüssigkeit gehen auch wertvolle Mineralstoffe verloren. Unerwünschte Begleitsymptome: Müdigkeit, Nervosität und Kopfschmerzen.

Und dann der berüchtigte Jo-Jo-Effekt: Während einer Diät wird der Energieverbrauch stark gedrosselt, der Körper kommt mit weniger Kalorien aus. Diese Situation kann mindestens eine Woche oder mehr andauern. Selbst wenn Sie jetzt nur ähnlich viel essen wie vor der Diät, essen Sie viel mehr, als Ihr an Schmalkost gewöhnter Körper braucht. Die Folge: Der Körper greift sich den Überschuss und füllt seine Fettdepots schnellstens wieder auf.

Erfolgreich abnehmen

Es gibt nur eine Diät, die funktioniert: die Bewegungsdiät. Mit dieser Strategie ist Abnehmen nicht schwer. Allerdings müssen ein paar Ernährungsgewohnheiten geändert und der Lebensstil korrigiert werden. So sollte regelmäßiges Nordic Walking selbstverständlicher Bestandteil der Wochenplanung werden.

Die Balance zwischen Energiezufuhr und Energiebedarf muss stimmen. Statistisch betrachtet ergibt sich in unserer Wohlstandsgesellschaft ein täglicher Energieüberschuss von 10 bis 20 %. Wir essen also mehr, als nötig wäre.

Schritt eins – das Ernährungsprotokoll

Fett werden wir nur, wenn wir mehr Kalorien futtern, als wir verbrauchen. Übergewicht kommt auch nicht nur von zu großen Portionen – es ist fast immer das Resultat falscher Ernährung.

Notieren Sie also zwei Wochen lang alles, was Sie essen und trinken. Beschreiben Sie:

- die Art der Lebensmittel,
- die verzehrte Menge (1 Stück, 1 Scheibe, 1 Esslöffel, 2 Tassen),
- den Zeitpunkt (Frühstück, Snack, Mittag-, Abendessen),
- den Anlass (»Langeweile«) und Ihre Stimmung (»Hektik«).

Auf diese Weise lernen Sie am besten Ihre Vorlieben und Schwächen kennen und beginnen automatisch, bewusster zu essen. Sie erfahren außerdem, wann Sie z. B. zu unkontrolliertem Essen (»Fressattacken«) neigen oder wo die Fettfallen lauern.

Schritt zwei – die Kalorienzufuhr drosseln

Nahrung ist vor allem Brennmaterial, um die Millionen kleiner Motoren, unsere Mitochondrien, anzufeuern. Die liefern uns Energie, damit der Körper seinen komplizierten 24-Stunden-Arbeitstag leisten kann. Der tägliche Energiebedarf lässt sich ganz einfach mit folgender Formel berechnen:

Energiebedarf = Grundumsatz + Leistungsumsatz

Der Grundumsatz Als Grundumsatz bezeichnet man die Energiemenge, die der Körper bei völliger Ruhe und gleich bleibender Umgebungstemperatur benötigt, um die lebensnotwendigen Funktionen wie Atmung, Stoffwechsel, Kreislauf und richtige Körpertemperatur 24 Stunden lang aufrechtzuerhalten.

Körperbau, Gewicht, Größe, Alter und Geschlecht beeinflussen den individuellen Grundumsatz; er hängt ab vom prozentualen Verhältnis zwischen Muskelmasse und Körperfett. Weil Männer mehr fettfreie Körpermasse besitzen als Frauen, liegt ihr Grundumsatz durchschnittlich um 10% höher.

Vereinfacht lässt sich der ungefähre Grundumsatz berechnen, indem man das Körpergewicht in Kilogramm mit 24 Stunden, also der Dauer eines Tages, multipliziert. Um das Alter mit einzubeziehen, multipliziert man diesen Wert wiederum mit einem bestimmten Faktor für jede Altersklasse.

Der Leistungsumsatz Der Leistungsumsatz ist von der jeweiligen körperlichen Betätigung abhängig. Es ist diejenige Energie, die der Körper innerhalb von 24 Stunden über den Grundumsatz hinaus verbraucht.

Mit zusätzlicher körperlicher Aktivität lässt sich der Leistungsumsatz erheblich steigern.

Übergewicht entsteht, wenn die Energiezufuhr durch Nahrungsaufnahme größer ist als der allgemeine Energieverbrauch des Körpers (»positive Energiebilanz«). Werden Fette und Kohlenhydrate in übermäßiger Menge aufgenommen, können die Fette nicht ausreichend abgebaut werden, sodass es zu ihrer Einlagerung in die Fettzellen kommt.

So wenig bringt so viel

Ein Kilo pro Monat abnehmen durch Einsparen von Kalorien:

2 Flaschen Bier (à 0,5 l) weniger/Woche	1600 kcal
1 Tafel Schokolade weniger/Woche	2000 kcal
200 g Wurst weniger/Woche	1600 kcal
1 l Cola weniger/Woche	2200 kcal
	= 7400 kcal

Schritt drei – den Kalorienverbrauch erhöhen

Wer regelmäßig walkt, wird sensibler und gewinnt das Gefühl für seinen Körper zurück – der Körper meldet, was er wirklich braucht. Dr. Tammy Baker von der American Dietetic Association: »Wenn Sie regelmäßig trainieren, wird Ihr Körper zu einer fein abgestimmten Maschine.«

Körperliche Aktivität führt zu einem erhöhten Energieverbrauch und ist daher ein ganz entscheidender Faktor zur dauerhaften Senkung bzw. Stabilisierung des Körpergewichts.

Um ein Kilogramm Körpergewicht abzunehmen, müssen rund 7000 Kalorien eingespart oder mehr verbrannt werden. Wissenschaftliche Studien haben ergeben, dass ein zusätzlicher Energieverbrauch von mindestens 2500 Kilokalorien pro Woche notwendig ist, um das Gewicht messbar zu reduzieren.

Das bedeutet wöchentlich und natürlich regelmäßig etwa drei bis fünf Stunden zusätzliche Bewegung – beispielsweise durch Nordic Walking.

Energieverbrauch beim Laufen, Nordic Walking & Co.

Näherungswerte in Kilokalorien pro Stunde in Abhängigkeit von Körpergewicht und Tempo

	Tempo	50 kg	60 kg	70 kg	80 kg	90 kg	100 kg
Liegen	–	66	81	90	102	117	132
Sitzen	–	84	102	120	132	150	168
Wandern mit Rucksack	5	300	360	420	474	540	600
Spazierengehen	3	138	171	198	222	255	279
Walking	6	222	270	318	360	408	456
Nordic Walking	6	350	425	501	565	641	716
Power Nordic	9	791	961	1121	1272	1432	1601
Power Walking	9	504	612	714	810	912	1020
Jogging	9	438	531	624	702	795	888
Schneller Dauerlauf	12	642	771	906	1024	1155	1290
Tempodauerlauf	16	798	963	1128	1178	1437	1602

Aus: Herbert Steffny/Ulrich Pramann/Charly Doll: »Perfektes Lauftraining – das Ernährungsprogramm«. Südwest Verlag, München 2003

Der Afterburn-Effekt

Bewegung erzeugt einen Schlüsselreiz, die Fettverbrennung kommt auf Touren. Sie verbrennen Fett, während Sie trainieren. Und das Beste ist: Ein durch Nordic Walking trainierter Körper verbrennt auch Fett, während Sie am Schreibtisch sitzen oder schlafen – durch den so genannten Afterburn-Effekt.

Afterburn heißt: Nachbrennung. Und bedeutet: Je nach Art und Dauer der Belastung durch Laufen ist hinterher der Energieverbrauch noch deutlich gesteigert – bis zu 15 Stunden lang. Weil die Glykogenspeicher wieder aufgefüllt werden müssen, das Blut mit mehr Sauerstoff angereichert ist, Stoffwechselschlacken (Laktate), die durch Bewegung entstanden sind, abgebaut werden müssen und die Wärmeabgabe des Körpers (Thermogenese) weiterhin angekurbelt ist.

Reebok

Expertentipp

Um die Stoffwechselvorgänge nach dem Training optimal ausnützen zu können, sollten Sie den Genuss von Alkohol rund drei Stunden lang meiden. Halten Sie sich nach Möglichkeit unmittelbar nach dem Training nicht in Räumen auf, in denen geraucht wird.

Schritt vier – Essgewohnheiten ändern

Langfristigen Erfolg kann man nur mit einer konsequenten und dauerhaften Umstellung der Ernährungsgewohnheiten und des Lebensstils erzielen. Gute Resultate sind mit schlechtem Speiseplan kaum möglich. Nur wenn wir uns richtig ernähren – maßvoll, möglichst pflanzlich, naturbelassen und ausgewogen –, bekommt unser Körper die notwendigen Nährstoffe und mithin jene Energie, die nötig ist, um zur Bestform auflaufen zu können.

Sicher werden Sie bald die schöne Erfahrung machen, dass gesundes Essen durchaus sehr schmackhaft sein kann und Sie nicht zum »Körnerfresser« mutieren müssen, wenn Sie sich ausgewogen ernähren wollen.

Nordic Walker brauchen alles andere als starre Speisepläne. Unsinn, wenn Sie alles, was Sie essen, nur auf den Gehalt an Ballaststoffen, Kohlenhydraten und optimale Nährstoffdichte abklopfen und dann lustlos mampfen. Kleine Sünden dürfen, nein, sie müssen sogar manchmal sein.

Lassen Sie's laufen! Eine ausreichende Flüssigkeitszufuhr ist immer wichtig – nicht nur im Sport.

Essen und Trinken ist auch für Fitnesssportler mehr als nur banale Brennstoffzufuhr – Essen und Trinken bedeutet Lebensqualität. Ernähren Sie sich individuell und abwechslungsreich. Die Lust beim Essen ist wichtig. Und langfristig werden Sie sportgerechte Ernährung nur durchhalten, wenn sie Ihnen auch schmeckt.

7 Regeln für dauerhaftes Abspecken

❶ Ich verteile meine tägliche Nahrung auf mehrere Mahlzeiten und bevorzuge vollwertigere Lebensmittel.

Nicht die Ernährung macht den Meister, sondern der Meister macht sich seine Ernährung!

Mehrere Mahlzeiten schützen vor unkontrollierten Essexzessen. Das Weglassen von Mahlzeiten als Zweck der Gewichtsreduktion hat sich nicht bewährt. Durch Schwankungen des Blutzuckerspiegels entsteht nach längeren Esspausen ein Gefühl des Heißhungers. Die Folge: Wir essen zu viel – oft Süßes –, zu schnell, zu unkontrolliert. Bevorzugen Sie frisches Obst und Gemüse. Zusammen mit so genannten komplexen Kohlenhydraten (Kartoffeln, Naturreis, dunkles Brot) ist eine ausreichende Versorgung mit Vitaminen, Mineralien, Ballaststoffen und Spurenelementen gesichert. Probieren Sie auch mal Vollkorn- oder Mehrkornprodukte.

Grundsätzlich gilt: Je später der Tag, desto leichter verdaulich sollten die Nahrungsmittel sein. Fette und Ballaststoffe haben eine lange Verweildauer und sind deshalb spätabends nicht zu empfehlen. Noch zwei Stunden vor dem Zubettgehen können Sie eine leicht verdauliche Mahlzeit zu sich nehmen: z. B. Joghurt, Fleischbrühe, Reis, Forelle, zartes Gemüse, Bananen.

Auf unausgewogene, falsche Ernährung reagiert der Körper prompt: Er leistet nicht das, was er könnte. Er wird schneller müde oder übersäuert.

2 Ich vermindere die tägliche Fettzufuhr und meide sichtbare Fette. Süßes esse ich – wenn überhaupt – nur zu den Mahlzeiten und nicht zwischendurch.

Fett ist nichts Schlechtes, im Gegenteil. Fett erfüllt in unserem Organismus wichtige Aufgaben. Es soll Organe polstern und ist eine wichtige Energiereserve. Ein Gramm Fett liefert neun Kilokalorien – mehr als doppelt so viel wie Kohlenhydrate und Eiweiße.

Nur zu viel Fett schadet. Der Durchschnittsbürger nimmt pro Tag 100 Gramm Fett zu sich – das sind 1023 Kilokalorien. Fette verstecken sich in Wurst, Käse, Keksen und Kuchen und vor allem in Süßigkeiten. Versuchen Sie, möglichst viele dieser Fettfallen clever zu umgehen. Dies ist, zusammen mit Ihrem Bewegungsprogramm, der Garant zur dauerhaften Gewichtsreduktion.

Für einen Kopfarbeiter wäre eine Tagesration von 60 Gramm Fett völlig ausreichend. Drosseln Sie also Ihren Fettverbrauch:

- Essen Sie fettarme Käsesorten (Harzer, Hütten-, Kochkäse).
- Wählen Sie magere Fleischsorten (Geflügelwurst, Lachsschinken, Roastbeef, Putenwurst, Fleisch in Aspik).
- Schneiden Sie die sichtbaren Fettränder vom Fleisch.
- Geizen Sie mit Streichfett, besonders mit Butter.
- Setzen Sie statt Fett mehr Gewürze und frische Kräuter als Geschmacksträger ein.

3 Ich trinke ausreichend und achte auf die Auswahl meiner Getränke.

Viele unterschätzen immer noch, wie wichtig Flüssigkeit für den Körper ist. Unser Organismus besteht zu fast zwei Dritteln aus Wasser. Das nasse Element:

- ist die Substanz, die für die gesunde Funktion von Herz, Kreislauf und Nieren zuständig ist,
- ist elementares Kühlmittel und sorgt (als Schweiß) dafür, dass unsere Betriebstemperatur im grünen Bereich bleibt,
- hilft bei der »Müllentsorgung«. Die Stoffwechselreste (Kohlendioxid, Milchsäure) werden über die Nieren durch den Urin ausgeschieden,
- löst Nährstoffe auf und transportiert sie über das Blut zu allen Körperzellen und Organen.

Es waren gewohnte Rezepte und Verhaltensweisen, die zum Übergewicht beigetragen haben. Gehen Sie also neue Wege, und probieren Sie neue Gerichte aus.

4 Ich überlege mir vor jeder Mahlzeit genau, was und wie viel ich essen möchte, und esse bewusst langsam.

Durch das Planen Ihrer Mahlzeiten stellen Sie im Vorfeld das Verhältnis zwischen Nahrungsangebot und Energiebedarf her. Gerade in der Phase der Ernährungsumstellung ist es wichtig, dass Sie die Nahrungsaufnahme als ein Stück Lebensqualität erkennen. Bedenken Sie auch, was Sie nach dem Essen noch vorhaben. Ihr Ziel ist schließlich eine bedarfsgerechte Nahrungsaufnahme.

Hast und Eile machen alle guten Vorsätze zunichte. Das langsame und häufige Kauen verhindert zu schnelles Essen. Unser Gehirn benötigt ungefähr 20 Minuten, um das Sattgefühl zu registrieren. Warten auf ein Völlegefühl im Magen ist das falsche Signal.

- Trinken Sie vor jeder Mahlzeit ein Glas Wasser.
- Ein Salat oder eine Suppe als Vorspeise füllt den Magen und verhindert, dass Sie bei der Hauptmahlzeit zu viel essen.
- Lassen Sie sich beim Essen nicht unnötig ablenken. »Fernsehdinner« z. B. bedeutet meist Kontrollverlust.
- Versuchen Sie, bei Essen in Gesellschaft als Letzter fertig zu sein.

❺ Ich kaufe nur mit Einkaufsliste ein und achte darauf, dass ich dabei nicht hungrig bin. In allen Lebensbereichen schaffe ich mir »essfreie« Räume.

Wir werden von Kaufreizen überflutet. Verführerische Präsentation, Hintergrundmusik, Sonderangebote. Bedenken Sie schon beim Einkaufen: »Was ich nicht einpacke, kann ich auch nicht essen.«

Reduzieren Sie auch daheim die Plätze der Versuchung. Wer an allen möglichen Stellen Lebensmittel und Süßigkeiten deponiert, wird ständig auf die Probe gestellt. Wilde »Esschancen« und ihnen zu widerstehen, kostet verdammt viel Kraft und erschwert das kontrollierte Essen.

Lösen Sie auch Ihre Genussmitteldepots auf. Denn Gelegenheit macht Diebe. Lassen Sie möglichst keine Schachteln mit Keksen, Pralinen, Nüssen und sonstige Leckereien herumstehen. Denn: Alles, was wir sehen, verführt zum Zugreifen. Stellen Sie sich besser eine Obstschale hin – und immer reichlich Wasser.

Frisches macht fit: Bei Obst und Gemüse müssen und dürfen Sie nicht geizen.

❻ Ich bereite meine Speisen nährstoffschonend und appetitlich zu. Ich unterstütze ihren Eigengeschmack mit Kräutern und Gewürzen.

Nur durch eine nährstoffschonende Zubereitung bleiben die empfindlichen und wertvollen Inhaltsstoffe wie Vitamine, Mineralstoffe und Spurenelemente erhalten. Hohe Temperaturen und lange Garzeiten sind die Feinde von Vitaminen.

Auch durch falsche Lagerung, unsachgemäße Zubereitung, zu langes Erhitzen und Wiederaufwärmen können diese Inhaltsstoffe zerstört werden.

- Kaufen Sie Obst und Gemüse der Saison, möglichst aus heimischer Produktion.
- Verzehren Sie Obst und Gemüse möglichst frisch.
- Garen Sie mit wenig Wasser.
- Verzehren Sie Gemüse bissfest.
- Braten Sie möglichst fettfrei (Römertopf, Alufolie).

Merke: Nur wer bewusst einkauft, kann sich auch bewusst und gesund ernähren.

- Salzen Sie sparsam.
- Verwenden Sie reichlich Kräuter und Gewürze; die unterstreichen den Eigengeschmack der Lebensmittel und geben den Gerichten eine persönliche Note.

7 Zu Hause räume ich den Tisch gleich nach dem Essen ab. In Restaurants und Kantinen lasse ich bewusst einen Rest auf dem Teller. Vor und nach Einladungen spare ich Kalorien ein.

Reste verführen zum Weiterfuttern. Deshalb sollten Sie gleich nach dem Essen den Tisch abräumen. Wenn Sie sich wirklich bedarfsgerecht ernähren wollen, sind noch weitere Schritte der Verhaltensveränderung nötig:

- Meiden Sie in Restaurants Megaportionen, trauen Sie sich, eine kleinere Portion zu bestellen.
- Besprechen Sie mit dem Kellner Ihr Menü.
- Bevorzugen Sie Gemüsebeilagen, und reduzieren Sie Ihre Fleischportionen.
- Nutzen Sie vegetarische Alternativen.
- Tauschen Sie Beilagen aus: statt Pommes frites lieber Reis, statt Bratkartoffeln lieber Gemüse.
- Bestellen Sie Salat ohne Dressing, und geben Sie selbst Essig und Öl (dosiert!) dazu.
- Bevorzugen Sie die asiatische Küche: Reis, viel Gemüse, mageres Fleisch, viel Fisch.
- Kochen Sie selbst nicht mehr nach dem Vielleicht-kommt-ja-noch-Besuch-Prinzip.

Bereits 5 % weniger Flüssigkeit im Körper machen sich negativ bemerkbar: Konzentration und Koordination, Antrieb und Leistung lassen rasant nach. Bei 6 % (starkes Durstgefühl) spüren wir Schwäche, Reizbarkeit, Erschöpfung. 10 % Defizit sind lebensbedrohlich.

Der Flüssigkeitshaushalt

Wenn Sie zu wenig trinken, trocknet Ihr Körpersystem aus. Die Kettenreaktion: Das Blut dickt ein. Das Herz muss schneller schlagen. Das dickflüssige Blut fließt langsamer. Muskeln werden schlechter mit Sauerstoff und Nährstoffen versorgt. Der Abtransport von »Stoffwechselmüll« und die Wärmeregulation verschlechtern sich. Mindestens zwei Liter Flüssigkeit sind daher am Tag erforderlich.

Favoriten für Nordic Walker

Am besten sind Saftschorlen, die aus einem Teil Obstsaft und zwei Teilen Mineralwasser bestehen. Sie löschen nicht nur den Durst, sie enthalten auch Mineralstoffe. Das Mineralwasser sollte reich an Magnesium sein und dabei doppelt so viel Kalzium enthalten wie Magnesium. Weiter sind empfehlenswert: Früchtetees, Gemüse- und Obstsäfte. Ein wahrer Wundertrunk ist auch Gemüsebrühe mit Kräutern. Sie ist fettfrei, enthält Mineralien und wirkt entschlackend.

Wer Milch mag, versorgt sich gut mit Kalzium. Allerdings ist Milch kein Durstlöscher. Kakao ist durchaus zu empfehlen (ein- bis zweimal wöchentlich), weil die sekundären Pflanzenstoffe des Kakaos antioxidative Wirkung entfalten.

Keinesfalls sollten künstlich gesüßte Säfte, Limonaden, Fruchtnektar, schwarzer Tee und Kaffee die Hauptquelle für Flüssigkeit sein!

Reebok

Expertentipp

Trinken Sie immer schon, bevor der Durst sich meldet, und trinken Sie jeden Morgen als Erstes ein großes Glas Wasser oder Saftschorle.

Die besten Lebensmittel für Nordic Walker

Äpfel sind gut für die Verdauung, senken den Cholesterinspiegel und vernichten Bakterien. Besonders reich an Nährstoffen (Pektin) ist die Schale. Ein Apfel enthält 300 wertvolle Biostoffe, u. a. organische Säuren, die die Leber entgiften, Gerbstoffe, ätherische Öle, wertvolle ungesättigte Fettsäuren, Magnesium und Eisen.

Bananen sind ein sättigender, vitaminreicher und leicht verdaulicher Kohlenhydratsnack, enthalten reichlich Natrium, Kalium, außerdem Jod und Eisen und die Vitamine A, C, E und B6. Sie neu-

tralisieren die Magensäure, wirken leicht antibakteriell und schnell schleimbildend.

Brokkoli kurbelt den Stoffwechsel an und stärkt die Muskelarbeit. Er enthält reichlich Karotin, Kalzium und Eisen. Guter Lieferant auch von Vitamin A und B, Magnesium und Kalium. Hoher Anteil an Ballaststoffen. Schützt die Schleimhäute.

Erdbeeren bestehen zu 90% aus Wasser, enthalten aber über 300 Substanzen, Säuren und ätherische Öle, Pektin, Flavone und Gerbstoffe. Reich an Folsäure (wichtig für Blutbildung, Zellwachstum), Vitamin C (fürs Immunsystem) und Kalium (wirkt entwässernd, blutdrucksenkend).

Joghurt ist besonders kalziumreich und liefert den Muskeln Eiweiß. Sorten, die »unter Verwendung von Lebendkulturen hergestellt« sind, unterstützen und stärken das Immunsystem.

Kartoffeln sind kalorienarm, nährstoff- und stärkereich. Die meisten Vitamine und Mineralstoffe stecken unter der Schale. Bis auf Selen sind fast alle wichtigen Mineralien und Spurenelemente enthalten. Hohe Vitamin-C-Konzentration.

Ein Kernstück Ihrer Ernährung sollte die gute alte Kartoffel sein. Sie liefert u. a. Stärke und hochwertiges pflanzliches Eiweiß.

Lachs Sein Fettanteil ist relativ hoch, aber es sind gesunde, mehrfach ungesättigte Fettsäuren und die fettlöslichen Vitamine A, D und E enthalten. 200 Gramm Lachs decken den Tagesbedarf an Vitamin A, B12, D, Niazin und an Omega-3-Fettsäuren, die das Immunsystem stärken und den Blutfluss und damit also auch die Ausdauerleistung verbessern.

Fettarme Milch enthält reichlich Eiweiß und Kalzium (für Knochenbildung, Muskelbewegung, Nervenimpulse). Der Milchzucker (Laktose) bringt Darmbakterien auf Trab. Achtung: Unmittelbar vor dem Training sollte man keine Milch trinken – denn das führt leicht zu Seitenstichen.

Müsli ist ein ideales Frühstück, weil ballaststoffreich. Die langkettigen Kohlenhydrate gehen allmählich ins Blut. Am gesündesten ist selbst gemachtes Müsli aus vollem geschrotetem Korn, ohne Zucker, ohne behandelte Nüsse.

Nudeln sind ein Kohlenhydratturbo. Grundrohstoffe sind Grieß, Mehl, Wasser, Eier, eventuell natürliche Farbstoffe (Spinat, Paprika). Nudeln können ideale Fitmacher sein.

Nüsse sind nicht kalorienarm, aber wertvoll wegen ungesättigter Fettsäuren, Magnesium (ein Schutzschild gegen Stress), Zink, Kalzium, B-Vitaminen, Vitamin E. Sie bieten also Energie und Nervennahrung pur!

Paprikaschoten kräftigen Herz und Kreislauf, stärken die Schleimhäute, festigen das Bindegewebe und wirken vorbeugend gegen Kopfschmerzen und Migräne.

Spinat enthält hochwertiges Eiweiß, reichlich Vitamine und Mineralstoffe. U. a. hoher Anteil an Biotin (für Muskelzellen), Niazin (für Zellenergie, Herz, Schlaf), Magnesium und Mangan. Reich an Vitamin E, Kalzium, Kupfer, Eisen, Kalium und Ballaststoffen. Auch tiefgefroren ist er empfehlenswert.

Wer sich etwas Gutes tun will, sollte ab und zu ein paar Reistage einlegen.
Denn Reis sättigt, ist leicht verdaulich und wirkt entwässernd.

Steak ist ein wichtiger Baustein für unsere Fitness, auch in Form von Tatar. Mageres, rotes Fleisch ist Träger der fettlöslichen Vitamine A, D und E, eine sehr gute Quelle für hochwertiges, tierisches Eiweiß und lebensnotwendige Mikronährstoffe, beispielsweise resorbierbares Eisen (es baut die sauerstofftransportierenden roten Blutkörperchen auf).

Tomaten sind reich an organischen Säuren (regen Verdauungssäfte an), Ballaststoffe unterstützen die Darmtätigkeit. Mineralien sind ein wichtiger Faktor bei der Blutbildung, Kalium senkt den Blutdruck. Kalorienarm, heilsam für Herz und Nieren.

Trockenfrüchte enthalten wertvolle Vitamine, Mineralstoffe und Ballaststoffe, die gut für die Verdauung sind. Minuspunkt der Zuckeranteil: 60 %. Trotzdem: Bananenchips, Sultaninen, Korinthen und Mangos sind beliebte Naschwerkalternativen.

Vollkornbrot ist bester Lieferant für B-Vitamine, den Radikalefänger Vitamin E, Eisen, Zink und Selen. Reich an Ballaststoffen und sekundären Pflanzenstoffen. Seine komplexen Kohlenhydrate liefern für längere Zeit Energie.

Register

Die Autoren

Ulrich Pramann beschäftigt sich seit 25 Jahren mit den Themen Sport, Gesundheit, Fitness und Karriere. Er ist Absolvent der Deutschen Journalistenschule, war Redakteur (»Stern«), Reporter (»Welt am Sonntag«, »Playboy«), Moderator (DSF), Chefredakteur und Herausgeber von »Fit for Fun«. Er hält Vorträge zu den Themen Fitness und Gesundheit und bietet zusammen mit Bernd Schäufle Seminare an.

Bernd Schäufle ist Mastertrainer des Deutschen Nordic Walking Verbands (DNV), hat bereits mehrere hundert Basic Instructors ausgebildet und ist Geschäftsführer der ecfit GmbH in Monsheim. Er entwickelte die Gewichtsreduktionskonzepte »Nie wieder Diät« und »Nordic Fitness – leichter leben« und ist Kooperationspartner der Sportunion Österreich bei der landesweiten Aktion »Sport zum Einsteigen – leichter leben«. Bernd Schäufle ist auch als Referent bei Gesundheits- und Fitnessseminaren (BASF, SAP) erfolgreich.

Reebok Nordic-Walking-Team

Hartwig Gauder ist Reebok Walkingexperte, Architekt aus Erfurt, Olympiasieger 1980, Europameister 1986 und Weltmeister 1987 im 50-km-Gehen. Bekannt auch durch zahlreiche Fernseh-auftritte, Veröffentlichungen und als Autor von Walkingbüchern. Internationaler Referent und Leiter zahlreicher Seminare im Gesundheits- und Ausdauerbereich.

Michael Maier ist Reebok Nordic-Walking-Mastertrainer, Dipl.-Kommunikationswirt, staatl. gepr. Skilehrer (= Fachsportlehrer Ski Alpin/Nordic), Dozent der TU München (Bereich Alpin), Trainer F (für Freizeit- und Breitensport), MBT-Trainer (Masai-Barfußtechnik), Ausbilder in der Bergrettung, gepr. Mountainbikelehrer, Projektleiter Robinson Events.

Beate Missalek Reebok Global-Mastertrainerin, Koordinatorin der Reebok University Germany, Sport- und Gymnastiklehrerin, internationale Presenterin und Referentin mit Schwerpunkt Rückenfitness, Wellness und Gesundheitsseminare, ausgezeichnet von der Bodylife zum »Educator of the Year 1998«, Autorin und Inhaberin von MOVEDU Gesundheitsmanagement.

Infos zu Kursen: university.germany@reebok.com

Hinweis

Das vorliegende Buch ist sorgfältig erarbeitet worden. Dennoch erfolgen alle Angaben ohne Gewähr. Weder Autoren noch Verlag können für eventuelle Nachteile oder Schäden, die aus den im Buch gegebenen praktischen Hinweisen resultieren, eine Haftung übernehmen.

Bildnachweis

Alle Bilder stammen von Gerhard Heidorn, Oy-Mittelberg, mit Ausnahme von: Birkenholz Alescha, München: 30, 33, 42; ecfit, Monsheim: U4 rechts; Pramann Ulrich Archiv, Aitrang: 7, 9, 26; Reebok Deutschland, Oberhaching: 37; Rübe Marketing, Erfurt: 4 (Sascha Fromm); Südwest Verlag, München: 80 (Rolf Seiffe), 86 (Nicolas Olonetzky), 89 (Christian Kargl); Zefa, Düsseldorf: 23 (F. Tusch)

Impressum

Projektleitung Susanne Kirstein
Redaktion Nicola von Otto
Bildredaktion Sabine Kestler
Produktion, Grafik
v | Büro – Jan-Dirk Hansen, München
Reproduktion Artilitho, Trento
Druck und Bindung Alcione, Trento

Printed in Italy

ISBN 3-517-06758-X

817 2635 4453 6271

Wenn Sie weitere erfolgreiche **Bücher** vom Bestsellerautor **Ulrich Pramann** kennen lernen möchten

Wie aus der richtigen Nahrung mehr Leistung entsteht: Perfektes Lauftraining – **das Ernährungsprogramm**
240 Seiten, EUR 16,95

„Die neue Bibel des Laufens" – so würdigen Experten Pramann/Steffnys Erfolgstitel: **Perfektes Lauftraining**
224 Seiten, EUR 16,95

„Leicht lesbar, ganz besonders Einsteigern zu empfehlen" schreibt amazon.de über **„Lauf dich schlank!"**
112 Seiten, EUR 10,95

Mehr Power und Lebensfreude – das Erfolgsrezept für Körper und Seele: **Mehr Energie fürs Leben**
224 Seiten, EUR 15,95

Alle Bücher sind im Südwest Verlag erschienen. Mehr Informationen: **www.suedwest-verlag.de**

Wenn Ihnen **Nordic Walking** noch mehr Gewinn bringen soll: **Bernd Schäufle** & **Ulrich Pramann** bieten **Seminare** an

Mehr Energie, mehr Fitness, mehr Lebensfreude, weniger Gewicht

Der Schlüssel zu einem gesunden, vitalen, besseren Leben: Nordic Walking-Mastertrainer Bernd Schäufle und Fitness-Experte Ulrich Pramann zeigen den richtigen Weg. Effektives Training mit Spaß, Motivation, bewusste Ernährung, Gewichtsmanagement – leichter leben.

- Wie Sie sich persönliche Ziele setzen – und systematisch erreichen
- Wie Sie Anfangsschwierigkeiten meistern und sich dauerhaft motivieren
- Wie Sie Ihr Training optimal gestalten und Trainingserfolge erkennen
- Wie Sie ohne Diät Ihr Wohlfühlgewicht erreichen – und spielend halten
- Wie Sie Ihre Lebensqualität deutlich verbessern

Mehr Informationen zum Nordic Walking-Seminar finden Sie unter **www.nordic-fitness-seminare.de** oder **Telefon 08343.923.9940**

NORDIC FITNESS SEMINARE
Motivation | Bernd Schäufle Ulrich Pramann | Coaching